Kauderwelsch
Band 144

Impressum

Michael Blümke
Italienisch kulinarisch – Wort für Wort
erschienen im
REISE KNOW-HOW Verlag Peter Rump GmbH
Osnabrücker Str. 79, D-33649 Bielefeld
info@reise-know-how.de

1. Auflage 2002

Bearbeitung & Layout Kerstin Belz
Layout-Konzept Günter Pawlak, FaktorZwo! Bielefeld
Umschlag Peter Rump (Titelfoto: Christine Schönfeld)
Fotos Georg Henke
Druck und Bindung Fuldaer Verlagsagentur, Fulda

ISBN 3-89416-549-9
Printed in Germany

Dieses Buch ist erhältlich in jeder Buchhandlung der BRD, Österreichs, der Schweiz und der Benelux. Bitte informieren Sie Ihren Buchhändler über folgende Bezugsadressen:
BRD Prolit GmbH, Postfach 9, 35461 Fernwald (Annerod) sowie alle Barsortimente
Schweiz AVA-buch 2000, Postfach 27, CH-8910 Affoltern
Österreich Mohr Morawa Buchvertrieb GmbH Sulzengasse 2, A-1230 Wien
Benelux Assimil Benelux, 13 rue du Congrès, B-1000 Bruxelles
direkt Wer im Buchhandel kein Glück hat, bekommt unsere Bücher zuzüglich Porto- und Verpackungskosten auch direkt beim **Rump Direktversand**, Heidekampstraße 18, D-49809 Lingen oder über unseren Internet-Shop: **www.reise-know-how.de**
Zu diesem Buch ist ein **Tonträger** erhältlich, ebenfalls in jeder Buchhandlung der BRD, Österreichs, der Schweiz und der Benelux.
Der Verlag möchte die **Reihen Kauderwelsch & ReiseWortSchatz** weiter ausbauen und **sucht Autoren**! Mehr Informationen finden Sie auf unserer Internetseite **www.reise-know-how.de/buecher/special/schreiblust-inhalt.html**

Kauderwelsch

Michael Blümke

Italienisch kulinarisch

Wort für Wort

für Thomas

Reise Know-How
im Internet
www.reise-know-how.de
info@reise-know-how.de

Aktuelle Reisetipps
und Neuigkeiten,
Ergänzungen nach
Redaktionsschluss,
Büchershop und
Sonderangebote
rund ums Reisen

Die
Reise Know-How Verlag
Peter Rump GmbH
ist Mitglied der
Verlagsgruppe Reise Know-How

Kauderwelsch-Sprechführer sind anders!

Warum? Weil sie Sie in die Lage versetzen, wirklich zu sprechen und die Leute zu verstehen.

Wie wird das gemacht? Abgesehen von dem, was jedes Sprachbuch bietet, nämlich Vokabeln, Beispielsätze etc., zeichnen sich die Bände der Kauderwelsch-Reihe durch folgende Besonderheiten aus:

Die **Grammatik** wird in einfacher Sprache so weit erklärt, dass es möglich wird, ohne viel Paukerei mit dem Sprechen zu beginnen, wenn auch nicht gerade druckreif.

Alle Beispielsätze werden doppelt ins Deutsche übertragen: zum einen **Wort-für-Wort**, zum anderen in „ordentliches" Hochdeutsch. So wird das fremde Sprachsystem sehr gut durchschaubar. Denn in einer fremden Sprache unterscheiden sich z.B. Satzbau und Ausdrucksweise recht stark vom Deutschen. Ohne diese Übersetzungsart ist es so gut wie unmöglich, schnell einzelne Wörter in einem Satz auszutauschen.

Die **Autorinnen** und **Autoren** der Reihe sind Globetrotter, die die Sprache im Land selbst gelernt haben. Sie wissen daher genau, wie und was die Leute auf der Straße sprechen. Deren Ausdrucksweise ist nämlich häufig viel einfacher und direkter als z.B. die Sprache der Literatur oder des Fernsehens.

Besonders wichtig sind im Reiseland **Körpersprache, Gesten, Zeichen** und **Verhaltensregeln**, ohne die auch Sprachkundige kaum mit Menschen in guten Kontakt kommen. In allen Bänden der Kauderwelsch-Reihe wird darum besonders auf diese Art der nonverbalen Kommunikation eingegangen.

Kauderwelsch-Sprechführer sind keine Lehrbücher, aber viel mehr als Sprachführer! Wenn Sie ein wenig Zeit investieren und einige Vokabeln lernen, werden Sie mit ihrer Hilfe in kürzester Zeit schon Informationen bekommen und Erfahrungen machen, die „taubstummen" Reisenden verborgen bleiben.

Inhalt

Im Gespräch

FLORIAN

Vorwort

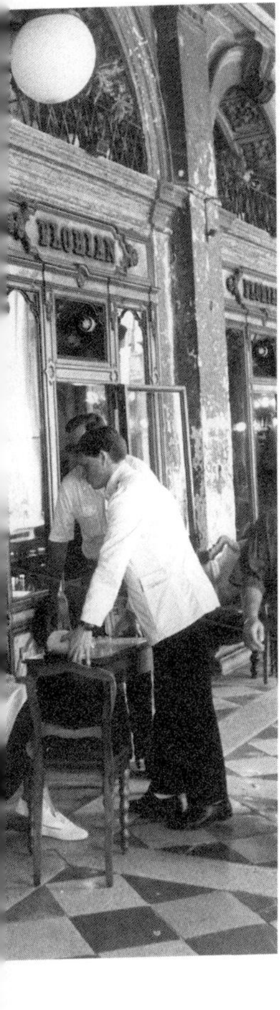

„Gehen wir doch zum Italiener!" – wohl kaum eine andere Küche steht bei uns so hoch im Kurs wie die italienische. Doch auch wenn man hierzulande leicht den Eindruck gewinnen kann, zwischen Bozen und Bari wird hauptsächlich Pizza und Pasta verzehrt, so wartet doch eine Vielzahl von Köstlichkeiten auf entdeckungsfreudige Gaumen, man darf halt nur nicht gar zu unaufgeschlossen Neuem gegenüber sein.

Dass es „die italienische Küche" als solche gar nicht gibt, wird nach der Lektüre des nachfolgenden Kapitels „Das kulinarische Italien" schnell klar, was aber niemand wirklich verwundern wird, der sich einmal die Situation in Deutschland vor Augen führt: Schweinebraten mit Semmelknödel wird für einen Hamburger sicherlich nicht zum normalen Speiseplan gehören, so wie ein Bayer Kasseler mit Grünkohl wahrscheinlich nicht zu seinen Leibgerichten zählt.

Doch ist eines unbestreitbar allen Italienern gemein: die Lust am Genuss, die Hingabe an die sinnliche Seite der Nahrungsaufnahme. Ihnen dabei zur Seite zu stehen, eben diesen Aspekt bei Ihrem Aufenthalt in Italien besser ausleben zu können, ist das eigentliche Anliegen dieses Büchleins.

Buon appetito – e buon godimento, allora!

Hinweise zur Benutzung

Der Kauderwelsch Sprechführer „Italienisch Kulinarisch“ besteht im Wesentlichen aus drei Teilen:

Konversation

Der erste Teil beinhaltet Informationen über Land und Leute so wie Beispielworte und -sätze für alltägliche Situationen im Restaurant oder beim Einkaufen. Er soll den Leser mit der Lebensweise und der Sprache der Italiener bezüglich ihrer Ess- und Trinkgewohnheiten vertraut machen und ihm ermöglichen, sich so schnell und einfach wie möglich in Italiens kulinarischer Umgebung zurechtzufinden.

Wort-für-Wort Übersetzung

Neben den italienischen Wörtern und Sätzen und ihren deutschen Übersetzungen gibt es eine Lautschrift und eine *Wort-für-Wort Übersetzung*, die zum Verständnis der fremdsprachlichen Satzstruktur beitragen soll:

Fremdsprache:	**Cerco un ristorante non troppo caro.**
Lautschrift:	tscherko un rißtorante non troppo karo
Wort-für Wort:	*(ich-)suche ein Restaurant nicht zu-viel teuer*
dt. Übersetzung:	Ich suche ein nicht zu teures Restaurant.

Werden in einem Satz mehrere Wörter angegeben, die man austauschen kann, steht ein Schrägstrich dazwischen:

Che c'è come contorno/dessert?
ke tschä kome kontorno/deßär
was da'(er/sie-)ist wie Beilage/Dessert
Was gibt es als Beilage/Nachtisch?

Außerdem werden die folgenden Abkürzungen benutzt:

m männlich (maskulin)
w weiblich (feminin)
Ez Einzahl
Mz Mehrzahl

Grammatik

Die Kurz-Grammatik Beschränkt sich auf das Allernötigste und verzichtet zu Gunsten der Verständigung auf Vollständigkeit.

Wortlisten

Der Anhang, bestehend aus einer Wortliste Deutsch – Italienisch und einem Register der italienischen Vokabeln mit den dazugehörigen Seitenzahlen, dient dem Nachschlagen einzelner Wörter.

Umschlagklappen

Die Umschlagklappen helfen, die wichtigsten Sätze und Wörter so schnell wie möglich parat zu haben.

Seitenzahlen
Um Ihnen den Umgang mit den Zahlen zu erleichtern, wird auf jeder Seite die Seitenzahl auch in Italienisch angegeben!

Aussprache & Betonung

Die richtige Aussprache stellt im Italienischen kein besonderes Problem dar. Etwas gewöhnungsbedürftig sind lediglich das **c** und das **g**. Vor **a**, **o** und **u** wird **c** wie das deutsche „k“ und **g** wie das deutsche „g“ gesprochen, also:

ca	in	**carne**	Fleisch
co	in	**coltello**	Messer
cu	in	**culinario**	kulinarisch
ga	in	**pagare**	bezahlen
go	in	**fungo**	Pilz
gu	in	**gusto**	Geschmack

Vor **e** und **i** klingt das **c** wie „tsch“ im Deutschen, das **g** wie „dsch“:

ce	in	**cena**	Abendessen
ci	in	**cipolla**	Zwiebel
ge	in	**gelato**	Eis
g	in	**giallo**	gelb

Sollen **c** und **g** auch vor **a**, **o** oder **u** wie „tsch“ bzw. „dsch“ gesprochen werden, so wird ein – nicht gesprochenes – **i** eingefügt:

cia	in	**arancia**	Orange
cio	in	**nocciola**	Haselnuss
ciu	in	**acciuga**	Sardelle

Kauderwelsch-Tonträger

Falls Sie sich die fremdsprachigen Sätze und Wörter, die in diesem Buch vorkommen, einmal von einer Italienerin gesprochen anhören möchten, kann Ihnen Ihre Buchhandlung das begleitende Tonmaterial zu diesem Buch besorgen. Sie bekommen es auch über den Rump-Direktversand oder unseren Internetshop ***www.reise-know-how.de.***

gia	in	**mangiare**	essen
gio	in	**formaggio**	Käse
giu	in	**giusto**	richtig

Sollen hingegen **c** oder **g** auch vor **e** oder **i** wie deutsch „k“ oder „g“ gesprochen werden, fügt man ein – ebenfalls nicht zu hörendes – **h** ein:

che	in	**forchetta**	Gabel
chi	in	**chilo**	Kilo
ghe	in	**acciughe**	Sardellen
ghi	in	**funghi**	Pilze

Ansonsten sind noch folgende Buchstaben(kombinationen) zu beachten:

ai / **eu** / **ie**	immer getrennt gesprochen: **fornaio** (Bäcker) **eucalipto** (Eukalyptus) **miele** (Honig)
gl	gesprochen wie „lj“, in **bottiglia** (Flasche)
gn	gesprochen wie „nj“, in **prugna** (Pflaume)
h	ist immer stumm, wird also nicht gesprochen, in **ho** (ich habe)
qu	klingt nicht wie „kw“, sondern eher wie „ku“, in **quanto** (wie viel)
r	ist stets ein gerolltes Zungen-„r“, in **resto** (Rest)
st	ist wirklich ein „st“ und kein „scht“, in **stomaco** (Magen)

v	gesprochen wie w, in **vino** (Wein)
z	weicher als im Deutschen, eher wie „ds", in **zuppa** (Suppe)

Noch ein Wort zur Betonung: Normalerweise liegt die Betonung im Italienischen auf der vorletzten Silbe. Bei Wörtern, die diese Regel durchbrechen, habe ich den zu betonenden Vokal unterstrichen (**tavola** = Tisch). Wörter, deren Hauptton auf der letzten Silbe liegt, tragen ohnehin einen Akzent (**caffè** = Kaffee).

Das kulinarische Italien

Die Regionen

Italien ist nicht gleich Italien. Das gilt nicht nur für die geschichtliche und kulturelle Entwicklung, die Mentalität, die Sprache und die Infrastruktur, sondern natürlich auch für die Küche. Und so sehr sich der industrialisierte Norden vom mitunter an ein Dritte-Welt-Land erinnernden Süden unterscheidet, so sehr unterscheiden sich auch die kulinarischen Spezialitäten und Besonderheiten der verschiedenen Regionen. Eine „italienische Küche" im eigentlichen Sinn gibt es gar nicht.

Wer würde beispielsweise auf die Idee kommen, dass nicht wenige Italiener Reis einer **pasta** vorziehen und zum Kochen eher Butter als Olivenöl verwenden? Das glauben Sie nicht? Dann fahren Sie doch mal in den **Piemonte** – wo es die größten Reisfelder Europas gibt – oder in die **Lombardia** – wo der berühmte, mit Safran zubereitete **risotto alla milanese** herkommt! Doch denken die meisten beim Piemont wahrscheinlich noch viel mehr an die weißen Trüffel aus Alba oder die allgegenwärtigen **grissini**, von **Barolo**, **Barbera** und **Nebbiolo** oder dem Sekt aus **Asti** mal ganz zu schweigen. Und die Lombardei kann immerhin mit **Campari** aufwarten und hat **Gorgonzola** oder **Taleggio** zu bieten.

Wenig verwunderlich sind gewiss die Knödel, der Speck oder der Strudel, die man im

Hätten Sie gewusst, dass Puglia *die größte Weinbauregion der Welt (wenngleich stärker auf Quantität als auf Qualität ausgerichtet) und gleichzeitig die Kornkammer Italiens ist? Prima, dann war die Investition in dieses Buch nicht vergebens! Ach so, ja, und die* orecchiette, *Sie wissen schon, diese komischen Nudeln in Ohrform, sind auch von hier.*

Alto Adige, wie Südtirol auf Italienisch heißt, aufgetischt bekommt – zwischen Brenner und Bozen rechnet man halt doch mit der bodenständigen, österreichisch geprägten Küche.

Auch im **Veneto** spielt der Reis eine große Rolle, **risi e bisi** hat dort seinen Ursprung. Aber auch die leckeren **gnocchi** kommen dort her, genauer gesagt aus Verona. Nicht weniger prägend für die venetische Küche ist die **polenta** und der **radicchio**. Von den Weinen sind der **Bardolino**, der **Valpolicella** und der **Soave** vielen bestens bekannt, und eine Flasche **Prosecco di Valdobbiadene** haben sicher auch die meisten schon einmal geköpft.

Noch weiter östlich, in **Friuli-Venezia Giulia**, wo der **San Daniele**-Schinken seine Heimat hat, mischen sich österreichische, italienische und slowenische Einflüsse, und man stößt dort auf Zutaten wie Kümmel oder Meerrettich, die man im übrigen Italien kaum findet.

Wenn eine Stadt schon den Beinamen **la grassa** (die „Fette") trägt, ahnt man gleich, dass man hier einiges erwarten darf. **Bologna**, die uns neben den **tortellini** auch die **mortadella** geschenkt hat, ist die Hauptstadt einer der esslustigsten Regionen Italiens, der **Emilia-Romagna**. Hier ist alles etwas üppiger als üblich – oder auch nötig –, was sich auch in den hauptsächlich „gefüllten" Pasta-Variationen niederschlägt. Doch damit nicht genug: Auch **Parma** mit ihrem berühmten Schinken und ihrem nicht minder berühmten Käse liegt schließlich in dieser Region.

Einen bescheidenen, dafür aber umso verführerischen Beitrag zur „italienischen" Küche hat **Liguria** mit dem **pesto** geleistet – allein für diese köstliche Sauce aus Basilikum, Olivenöl, Pinienkernen, Knoblauch und Käse muss man die Bewohner lieben. Im übrigen gibt es in **Pontedassio** ein Spaghetti-Museum zu bewundern.

Wie schon im Norden Italiens ist man auch in der **Toscana** nicht wirklich versessen auf **pasta**. Als **primo**, als ersten Gang also, nimmt man hier lieber eine anständige Suppe zu sich. Ansonsten wird der Speiseplan stark von Oliven, Brot und Hülsenfrüchten geprägt. **Chianti** und **Brunello** müssen sicher nicht eigens erwähnt werden.

Oliven spielen auch in den **Marche** eine große Rolle, hier gibt es die großen grünen **ascolane**. Doch darf in einer Region, die den größten Fischereihafen Italiens, **San Benedetto del Tronto**, beherbergt, natürlich auch ein vernünftiger **brodetto** nicht fehlen, zu dem dann der hier angebaute **Verdicchio** vorzüglich passt.

Nicht vergessen seien schließlich die schwarzen Trüffel, die man allerdings auch im benachbarten Umbrien findet, das man durchaus als „Grill-Region" bezeichnen könnte. An den verschiedenen Fleischspießen oder auch der **porchetta**, dem mit Fenchel gefüllten – und auch in den **Marche** sehr geschätzten – Spanferkel, kommt man in **Umbria** eigentlich nicht vorbei.

Scharf wird es in den beiden Regionen **Abruzzo** und **Molise**: Hier finden **peperoncini** großen Absatz – und Einsatz. Und jetzt raten Sie mal, wo die Zubereitungsart **all'arrabbiata** erfunden wurde? Richtig, darauf trinken wir jetzt einen Schluck **Trebbiano** oder **Montepulciano**. Übrigens ist dies auch das beste Safran-Anbaugebiet Italiens.

Im **Lazio** (da, wo der **Frascati** herkommt) kann man von einer recht gemüselastigen und, mit Ausnahme des häufig zubereiteten **abbacchio** (Milchlamm), wenig charakteristischen Küche sprechen. Dafür ist die **pizza** aus Neapel umso charakteristischer. Und weil sie nun mal auf eine vernünftige **pizza** gehört, hat natürlich auch die **mozzarella** in der **Campania** ihr Zuhause, wobei die „richtige" aus Büffelkuhmilch, **di bufala**, zu sein hat.

In der **Basilicata** wie auch in **Calabria** geht's wieder scharf her, da haben **peperoncini**-Gerichte immer Hochsaison. Außerdem sollten Sie in der Stiefelspitze unbedingt **melanzane**, also Auberginen, in einer der zahllosen Zubereitungsarten probieren.

Auf **Sicilia** wachsen nicht nur Orangen und Zitronen, nein, die Bewohner haben auch eine besondere Vorliebe für Süßes, ob die mit **ricotta** und kandierten Früchten gefüllten **cannoli** oder die **cassata alla siciliana**, eine Sünde in Form einer Biskuittorte. Und runtergespült wird das Ganze dann mit einem Schluck süßen **Marsala**. Dass man dazwischen gelegentlich auch mal was Herzhaftes braucht, wissen natürlich auch die **siciliani** – und haben deshalb die **maccheroni** erfunden.

Fehlt noch **Sardegna**, die große Unnahbare, auf der ein Viertel aller Schafe Italiens grasen. Lamm ist somit stets auf dem Speiseplan zu finden, besonders gern **al carraxiu**, was bedeutet, dass man es stundenlang mit diversen Kräutern in einem Erdloch gart. Und auch auf **pecorino** muss man hier nie verzichten.

Kurios ist noch das „Notenpapier", die carta da musica: *ein knuspriges Brot – dünn wie Notenpapier. Auf dem wurden zwar nicht alle Noten notiert, die die Küchen Italiens zum Klingen bringen, aber doch schon mal eine kleine Ouvertüre komponiert.*

Kulinarische Feste

Das kulinarische Jahr

Die Kunst der Gastfreundschaft: Bertinoro

Die Gastfreundschaft zur Vollendung getrieben haben die Bewohner von Bertinoro, einem hübschen Städtchen in der Romagna, die,wohl der häufigen Auseinandersetzungen und Streitigkeiten müde, im 13. Jahrhundert die colonna degli anelli *(Ringsäule) vor ihrem Rathaus aufstellten, an der sich für jede Familie ein Ring befand. Kam ein Fremder in den Ort, entschied der Ring, an dem er sein Pferd festband, darüber, welche Familie ihn beherbergen durfte.*

Eine nahezu unüberschaubare Zahl von kulinarischen Festen macht auch dem Uneingeweihten schnell deutlich, dass man den Tafelfreuden in Italien oft und gern zuspricht. Nur annähernd alle Feierlichkeiten aufführen zu wollen, wäre ein uferloses Unterfangen, doch zumindest einige wichtige seien hier kurz erwähnt.

Das „kulinarische Jahr" wird Mitte März in Madonna di Campiglio, dem bekannten Skisportort, mit der **Mostra Vini Spumanti** eingeläutet. Ende Mai ist dann die Obstsaison in vollem Gang, Zeit für die Südtiroler in Auer das Apfelfest, **Festa della Mela**, zu feiern, dem sich die Piemontesen im Borgo San Martino dann einige Tage später, Anfang Juni mit dem Erdbeerfest, **Festa della Fragola**, anschließen.

Im Herbst sind natürlich vor allem dem Wein eine Reihe von „Ehrerbietungen" vorbehalten. Anfang September begehen die Römer die **Sagra dell'Uva**, eine Woche später wird in der Toscana die **Rassegna del Chianti Classico** abgehalten, und im Oktober sind die Bozener mit ihrer **Festa dell'Uva** an der Reihe.

Doch gibt es auch in dieser Jahreszeit ein wichtiges Ereignis, das nicht den Reben gewidmet ist: In Alba (Piemont) findet, von allen Gourmets sehnsüchtig erwartet, am 1. Oktobersonntag die **Fiera del Tartufo**, die Trüffelmesse statt.

O bere o affogare!

Trink oder ertrink!

Wie könnte man eine Nation besser kennenlernen als wenn man ihr zuhört, wie sie übers Essen und Trinken denkt und redet? Die umgangssprachlichen Wendungen zu diesem Thema vermitteln ein recht anschauliches Bild über die Italiener, und auch wenn ich mich hier auf die mir bekannten Sprichwörter und Ausdrücke aus meiner „Heimatregion", dem Veneto, beschränke, so können diese doch als **pars pro toto** gelten, also repräsentativ für das ganze Land.

Da man also nicht von der Luft lebt,
veneto: **de aria no se vive**/
italiano: **di aria non si vive**,
und der Mund bekanntlich die Beine trägt –
la boca porta le gambe/
la bocca porta le gambe
– nutzt man jeden Bissen, der sich bietet, schließlich will man will ja nicht als Dummkopf gelten,
co' capita un bon bocon, mona chi no ne aprofita/
quando capita un buon boccone, stolto chi non ne approfitta.
Außerdem wird man bei Tisch nicht älter,
a tola no se vien veci/
a tavola non si invecchia,
wobei andererseits der Wein die Milch der Älteren ist,

el vin l'è 'l late dei veci/
il vino è il latte dei vecchi,
man den besten Wein aber, wie man weiß, bei den Pfarrern findet,
el bon vin se trova dai paroci/
il buon vino si trova dai preti,
aber auch die möge Gott vor Essern bewahren, die nicht trinken:
Dio te varda da un magnador che no beve/
Dio ti guardi da un mangiatore che non beve.

Wer keinen Appetit hat, ist entweder krank oder hat schon gegessen,
chi no g'ha fame o l'è malà o l'ha magnà/
chi non ha appetito è ammalato oppure ha mangiato,
denn wer Hunger hat, dem schmeckt alles,
co se g'ha fame, tuto sa da bon/
quando si ha fame tutto piace.
Obwohl es auch heißt, dass man sich beim Essen ganz den eigenen Vorlieben hingeben darf und sich nur bei der Kleidung nach der Allgemeinheit richten soll,
magnar a modo suo e vestir a modo dei altri/
mangiare alla propria maniera e vestire come tutti.

Auf jeden Fall ist der das Essen dann beschließende Kaffee am besten mit den drei – allerdings nur im Dialekt vorhandenen – „s": Wenn man ihn im Sitzen, heiß und ohne dafür zu bezahlen genießt:
El cafè l'è bon con tre s: sentà, scotando e scrocando.
Il caffè è buono con tre s: seduti, quando è caldo e si beve gratis.

Il vino

Italiens Weine

Was wäre Italien ohne seinen köstlichen Rebensaft? Schmeckt der **Chianti** oder **Orvieto** an einem schattigen Plätzchen unter freiem Himmel am Ursprungsort genossen auch noch um einiges besser, so lassen die flüssigen Köstlichkeiten doch auch zu Hause im trüben Deutschland jedes Essen gleich zu einem von herrlichen Urlaubserinnerungen geprägten Festmahl werden.

Nachfolgend werden die bekanntesten 50 Weine mit ihrer jeweiligen Herkunftsregion und der „zuständigen“ Rebsorte aufgeführt, daran anschließend finden sich einige wissenswerte Begriffe rund um den Wein.

Albana (Romagna)	Albana
Asti Spumante (Piemonte)	Moscato
Barbaresco (Piemonte)	Nebbiolo
Barbera d'Alba (Piemonte)	Barbera
Bardolino (Veneto)	Corvina, Negrara, Rossana
Barolo (Piemonte)	Nebbiolo
Bianco di Custoza (Veneto)	Trebbiano, Garganega
Brunello (Toscana)	Sangiovese
Cabernet (Veneto)	Cabernet
Castelli Romani (Lazio)	Trebbiano

Cerasuolo di Vittoria (Sicilia)	Frappato, Calabrese
Cesanese (Lazio)	Cesanese
Chianti (Toscana)	Sangiovese
Cinque Terre (Liguria)	Albarola, Bosco, Vermentino, Trebbiano
Colli Albani (Lazio)	Trebbiano
Colli Berici (Veneto)	versch. Trauben *(u. a. Garganega, Tocai, Pinot bianco)*
Dolcetto (Piemonte)	Dolcetto
Elba (Toscana)	Trebbiano / Sangiovese *(Weißwein / Rotwein)*
Est! Est! Est! (Lazio)	Trebbiano
Frascati (Lazio)	Trebbiano
Gavi (Piemonte)	Cortese
Grave (Friuli)	versch. Trauben *(u. a. Merlot, Cabernet, Pinot)*
Greco di Tufo (Campania)	Greco, Coda di volpe bianca
Lambrusco (Emilia-Romagna)	Lambrusco
Malvasia (Sardegna)	Malvasia
Marsala (Sicilia)	Catarratto, Grillo
Marzemino (Trentino)	Marzemino
Merlot (Lazio)	Merlot
Montepulciano (Toscana/ Abruzzi)	Sangiovese
Moscato	Moscato *besonders Süditalien*

Nuragus (Sardegna)	Nuragus, Trebbiano
Orvieto (Umbria)	Trebbiano, Grechetto
Ostuni (Puglia)	Impigno, Francavilla
Piave (Veneto)	Merlot, Tocai, Cabernet, Verduzzo
Pinot Bianco (Veneto)	Pinot bianco
Pinot Grigio (Veneto/Friuli)	Pinot grigio
Pinot Nero (Friuli)	Pinot nero
Prosecco (Veneto)	Prosecco
Recioto (Veneto) *(je nach Herkunft – Valpolicella / Soave)*	versch. Trauben
Sangiovese (Romagna/ Marche)	Sangiovese
Soave (Veneto)	Garganega, Trebbiano
Taurasi (Campania)	Aglianico
Terlano (Alto Adige)	Pinot, Riesling
Tocai (Veneto/Lombardia)	Tocai
Trebbiano (Romagna/ Abruzzi)	Trebbiano
Valpolicella (Veneto)	Corvina, Rondinella, Molinara
Verdicchio (Marche)	Verdicchio
Verduzzo (Friuli)	Verduzzo
Vermentino (Liguria)	Vermentino
Vernaccia (Toscana)	Vernaccia

amabile	lieblich
annata	Jahrgang
apribottiglie*(m)*	Flaschenöffner
bianco	Weißwein
botte*(w)*	Fass
cantina	Weinkeller
cavatappi*(m)*	Korkenzieher
chiaretto	Rosé
classico	nur aus dem Kern des Anbaugebiets
degustazione*(w)*	Weinprobe
denominazione*(w)*	Bezeichnung

denominazione di origine controllata (**DOC**)
kontrollierte Herkunftsbezeichnung
gesetzlich festgelegtes Anbaugebiet

denominazione di origine controllata e garantita (**DOCG**)
kontrollierte und garantierte Herkunftsbezeichnung
höchste Qualitätsansprüche, staatliche Kontrollen

dolce	süß
enoteca	Weinhandlung
fiasco	strohummantelte 1,5-Liter-Flasche
frizzante	moussierend
gradazione alcolica	Alkoholgehalt
imbottigliatore*(m)*	Abfüller
indicazione geografica tipica	genaue Lagebezeichnung

produttore*(m)*	Erzeuger
rosato	Rosé
rosso	Rotwein
riserva	mindestens drei Jahre gelagert
secco	trocken
semisecco	halbtrocken
spumante*(m)*	Sekt
superiore	mindestens ein Jahr gelagert
tappo	Korken
uva	Traube
vendemmia	Weinlese, Traubenernte
vigna	Weinberg
vin santo	süßer Dessertwein
vino da tavola	Tafelwein
vino di qualità	Qualitätswein
vino nostrano	Wein aus der Gegend
vino novello	junger Wein
vino sfuso	offener Wein *(vom Fass)*
vite*(w)*	Rebe
viticoltore*(m)*	Winzer
viticoltura	Weinbau
vitigno	Rebsorte

Kaffee ist nicht gleich caffè

... wie und wo man ihn trinken kann

Immer wieder gepredigt, nach wie vor wahr: In Italien bestellt man einfach einen **caffè**, wenn man einen „Espresso" möchte. Ist einem der zu stark, nimmt man einen mit etwas Wasser verdünnten **caffè lungo** oder einen **caffè macchiato**, will heißen einen mit Milch „befleckten". Als Alternative bietet sich der **caffellatte**, der Milchkaffee, oder der (von den Italienern eigentlich nur vormittags getrunkene) **cappuccino** an. Wer es gerne kräftiger hat, ist mit einem extra starken, weil konzentrierten **caffè ristretto** oder einem **caffè corretto**, bei dem ein Schuss Grappa für zusätzliches Leben sorgt, gut beraten.

Il bar

Die italienische **bar** ist keineswegs mit ihrer deutschen Variante zu vergleichen, der ja ein gewisser Hauch von alkoholgeschwängerter Männerdomäne anhaftet, der ihr jenseits der Alpen völlig fehlt. Dort ist **il bar** ein Ort für die ganze Familie, wo man morgens seinen **cappuccino** und eine **brioche** zu sich nimmt, in der Arbeitspause einen **caffè** schlürft, sich vor dem Mittag- oder Abendessen einen **aperitivo** gönnt oder einfach mal zwischendurch ein Glas Mineralwasser gegen den Durst trinkt.

Sich an die Theke stellen oder ein Tischchen setzen und „zulaufen“ lassen, ist in Italien absolut unüblich.

Man bekommt in der **bar** auch **tramezzini**, zwei zusammengeklappte dreieckige Weißbrotscheiben mit Belag, oder **panini imbottiti**, belegte Brötchen, gegen den kleinen Hunger.

In der Regel bezahlt man zuerst an der **cassa** und geht mit seinem **scontrino**, dem Kassenzettel also an die Theke, wo man dann seine Getränke und Speisen bekommt.

Das Geheimnis des großen „T“

Besonders die Raucher sollten nach diesem geheimnisvollen Buchstaben Ausschau halten, wenn ihr liebster Zeitvertreib zur Neige geht, steht das große **T** doch für **tabaccaio** (Tabakhändler). Nur dort bekommt man in Italien Zigaretten – außerdem aber auch Briefmarken und Busfahrkarten –, Automaten sucht man vergeblich.

Man sollte nicht wie bei uns in einem Restaurant oder einer Bar beim Ober Zigaretten bestellen. Er wird nicht verstehen, was man von ihm möchte und sich bestenfalls genötigt fühlen, eine seiner Zigaretten anzubieten.

La pasta

Nudeln & Co.

Unglaublich, wie viele verschiedene Nudelsorten sich die Italiener ausgedacht haben – und auf wie viele Arten sie diese dann auch noch zubereiten! Ob Band- oder Röhrennudeln, ob in Taschen-, Schmetterlings- oder Muschelform – der Einfallsreichtum ist schier grenzenlos. Damit Sie sich in dieser Vielfalt auch zurechtfinden, hier eine kleine Orientierungshilfe.

Bei den flachen Bandnudeln sind die **fettuccine** die breitesten, gefolgt von den **tagliatelle** und den **taglierini** bis hin zu den dünnen **linguine**. Sicher nicht vorgestellt werden müssen die **spaghetti**, noch dünner heißen sie **vermicelli**, und wer gern Nudeln mit Minidurchmesser isst, bestellt **capellini**.

Auch in Deutschland sehr beliebt sind die Riesenröhren namens **cannelloni**, die meistens **al forno**, also überbacken, serviert werden. Werden die Röhren kleiner spricht man in absteigender Größe von **rigatoni**, **tortiglioni**, **sedani**, **penne**, **zite**, **maccheroni** oder **bucatini**, durch deren Loch (**buco**) man dann schon wirklich nicht mehr sehr gut durchsehen kann.

Schließlich findet man **pasta** auch in Form von gefüllten Taschen als quadratische **ravioli**, halbmondförmige **agnolotti** oder gebogene **tortellini** – von den zahllosen Phantasieformen wie **farfalle** (Schmetterlinge), **conchiglie** (Muscheln), **ruote** (Räder) oder **fusilli** (Spiralen) ganz zu schweigen. Schmecken tut sie eigentlich in jeder Form, am besten aber natürlich **fatta in casa**, hausgemacht halt.

... und was es sonst noch zu genießen gibt

Obst, Gemüse, Käse ...

Natürlich lebt der Italiener nicht allein von **pasta**, **vino** und **caffè**, deshalb hier noch eine kleine Übersicht über die wichtigsten Obst- und Gemüsesorten sowie die gängigsten Getränke. Und was wäre Italien ohne seine köstlichen Käsesorten?

Obst (frutta)

ananas	ananaß	Ananas
mela	mela	Apfel
albicocca	albikocka	Aprikose
banana	banana	Banane
pera	pera	Birne
fragola	fragola	Erdbeere
fico	fiko	Feige
pompelmo	pompälmo	Grapefruit
lampone*(m)*	lampone	Himbeere
melone*(m)*	melone	Honigmelone
ribes*(m)*	ribeß	Johannisbeere
ciliegia	tschiljädscha	Kirsche
noce*(w)* **di cocco**	notsche di kocko	Kokosnuss
arancia	arantscha	Orange
pesca	päßka	Pfirsich
prugna	prunja	Pflaume
uva	uwa	Traube
cocomero	kokomero	Wassermelone
limone*(m)*	limone	Zitrone

Gemüse (verdura)

carciofo	kartschofo	Artischocke
melanzana	melantsana	Aubergine
cavolfiore*(m)*	kawolfjore	Blumenkohl
broccoli*(m)*	brockoli	Broccoli
piselli*(m, Mz)*	pißälli	Erbsen
fagiolini*(m, Mz)*	fadscholini	grüne Bohnen
cetriolo	tschetriolo	Gurke
carota	karota	Karotte
patata	patata	Kartoffel
porro	porro	Lauch
peperone*(m)*	peperone	Paprikaschote
fungo	fungo	Pilz
cavolo di Bruxelles	kawolo di brußäll	Rosenkohl
asparago	aßparago	Spargel
spinaci*(m, Mz)*	ßpinatschi	Spinat
pomodoro	pomodoro	Tomate
zucchine*(w, Mz)*	tsuckine	Zucchini
cipolla	tschipolla	Zwiebel

Käse (formaggi)

asiago
würziger Schnittkäse aus Kuhmilch *(Veneto)*

baccellone
Frischkäse aus Schafmilch *(Toscana)*

bel paese
milder Butterkäse aus Kuhmilch *(Lombardia)*

caciocavallo
delikater Käse aus Kuhmilch in Birnenform *(Süditalien)*

caciofiore
runder Weichkäse aus Schaf- oder Ziegenmilch *(Mittelitalien)*

cacio primo sale
junger Käse aus Schafmilch *(Sicilia)*

caciotella/caciotina
kleiner runder Käse *(Süditalien)*

canestrato
Käse aus Schafmilch *(Sicilia)*

caprino
Käse aus Ziegenmilch *(Val d'Aosta)*

fontina
halbfester fetter Käse aus Kuhmilch *(Val d'Aosta)*

formaggio dolce Frischkäse	**formaggio fresco** milder Käse
formaggio grattugiato geriebener Käse	**formaggio piccante** herzhafter Käse

gorgonzola
scharfer Edelpilzkäse aus Kuhmilch *(Lombardia)*

grana padano
Hartkäse, ähnlich wie **parmigiano** *(Lombardia)*

groviera
halbfester Käse, entspricht Gruyère *(Lombardia)*

manteca
fetter Butterkäse aus Büffelkuhmilch

marzolino
junger Käse aus Schafmilch *(Toscana)*

mascarpone
sahniger Frischkäse

montasio
fester Käse aus Kuhmilch *(Friuli)*

mozzarella
milder kugelförmiger Käse aus Büffel- oder Kuhmilch *(Campania)*

parmigiano(**-reggiano**)
sehr würziger Hartkäse aus Kuhmilch (Parmesan, *Emilia-Romagna)*

pecorino
Käse aus Schafmilch

primo sale
frisch gereifter Käse aus Kuh- oder Schafmilch *(Sicilia, Sardegna)*

provolone
kugelförmiger Käse aus Kuh- oder Schafmilch *(Süditalien)*

ragusano
gewürzter Hartkäse aus Kuhmilch *(Sicilia)*

ricotta
quarkähnlicher Frischkäse

scamorza
nicht fermentierter weicher Käse aus Kuhmilch in Birnenform

stracchino
milder Frischkäse *(Lombardia)*

taleggio
würziger Weichkäse aus Kuhmilch *(Lombardia)*

toma/**tomino**
herzhafter Käse aus Kuhmilch *(Piemonte)*

Getränke (bevande)

succo di mele	ßucko di mele	Apfelsaft
birra (**alla spina**)	birra (alla ßpina)	Bier (vom Fass)
spremuta	ßpremuta	frischgepresster Saft
caffè*(m)*	kaffä	Kaffee
cioccolata	tschokolata	Kakao
liquore*(m)*	likwore	Likör
limonata	limonata	Limonade
amaro	amaro	Magenbitter
latte*(m)*	latte	Milch
acqua minerale	akwa minerale	Mineralwasser
succo d'arancia	ßucko darantscha	Orangensaft
rosato	rosato	Rosé(-wein)
vino rosso	wino roßo	Rotwein
succo	ßucko	Saft
acquavite*(w)*	akwawite	Schnaps
spumante*(m)*	ßpumante	Sekt
tè*(m)*	tä	Tee
vino	wino	Wein
vino bianco	wino bjanko	Weißwein

Il Galateo

Knigge auf Italienisch

Italien ist – Gott sei Dank – ein Land, in dem man von Trinkkultur sprechen darf anstatt von „Betrinkunkultur“ sprechen zu müssen. Und wird deshalb viel seltener auf Betrunkene stoßen als bei uns, ganz einfach, weil es absolut unüblich ist, sich wie in Deutschland in die Kneipe oder Bar an der nächsten Ecke zu setzen, um sich **a più non posso**, bis zum Geht-nicht-mehr also, volllaufen zu lassen. Was aber nun ganz und gar nicht bedeutet, dass man jenseits der Alpen genussfeindlich wäre – ganz im Gegenteil.

Man achtet eben auf einen gewissen Stil, der sich auch in der Kleidung niederschlägt. So würde es einem Italiener niemals einfallen, in Shorts oder Badekleidung zum Essen zu gehen – was eigentlich auch nicht besonders schwer nachzuvollziehen ist, schließlich würden die meisten das zu Hause auch nicht tun.

Doch gibt es halt immer noch etliche Zeitgenossen, die gutes Benehmen und geschmackvolles, oder zumindest zurückhaltendes Auftreten mit ihrer Vorstellung von einem entspannten Urlaub für unvereinbar halten.

Im Restaurant sollte man sich nicht einfach auf einen Tisch seiner Wahl stürzen, sondern dem **cameriere** die Möglichkeit geben, die neuen Gäste wahrzunehmen und ihnen einen Tisch zuzuweisen, wobei man selbstverständlich nach einem anderen fragen kann, wenn einem der angebotene Platz nicht zusagt. Unüblich ist es, sich an einem besetzten Tisch zu den anderen Gästen dazuzusetzen.

Zum Abschluß dieses Kapitels noch ein Wort zur Pünktlichkeit. Es ist sicherlich richtig, daß Südeuropäer – und dazu zählen bekanntlich auch die Italiener – in der Regel ein anderes Empfinden für Pünktlichkeit haben als wir Mitteleuropäer, dennoch sollte man hier nicht allen Klischees glauben: Während es für einen Römer völlig normal ist, zu einer für acht Uhr ausgemachten Verabredung erst gegen neun Uhr zu erscheinen, wird ein **lombardo** oder **piemontese** ein solches Verhalten zum Anlaß nehmen, der entsprechenden Person die Freundschaft aufzukündigen.

Eigentlich ist es ganz einfach: Überlegen Sie sich, wie Sie sich Touristen in Deutschland wünschen – und verhalten Sie sich entsprechend im Ausland!

Pizzeria oder ristorante?

Essen gehen

Wen in Italien der Hunger überkommt, der kann entweder in einer **bar** oder in einer **tavola calda**, einem Schnellimbiss, einen Happen zu sich nehmen oder sich in einer **rosticceria** ein gegrilltes Kotelett, Steak oder Hähnchen gönnen. Wer lieber gemütlich speisen will, ist mit einer **osteria**, **pizzeria**, **trattoria** oder einem **ristorante** sicherlich besser beraten, wobei die Preise bei der **osteria**, einer Art einfachem Gasthaus, angefangen nach oben gehen – die Ausstattung und der Service hoffentlich auch!.

In einer **trattoria** oder einem **ristorante** sollten Sie nicht nur **pasta** bestellen, denn Nudeln gelten wie ein **risotto** oder eine Suppe als **primo**, als erster Gang also, auf den eigentlich ein **secondo**, nämlich Fisch oder Fleisch, und ein Dessert, zumindest aber ein **caffè** folgt.

Steht Ihnen mittags der Sinn (oder der Geldbeutel) nach **pizza**, sollten Sie nach dem Hinweis **pizze anche a mezzogiorno** Ausschau halten, da Italiener diesen neapolitanischen Exportschlager in der Regel nur abends essen – und dazu im übrigen Bier trinken.

Und nehmen Sie die **ricevuta fiscale** (Rechnung) aus dem Lokal mit – Sie könnten auf der Straße kontrolliert werden! Der Hintergrund ist ganz einfach der, dass die italieni-

Noch ein Wort zu den Preisen: In Italien muss der Betrag auf der Karte nicht unbedingt der sein, den man am Ende zu zahlen hat. Man achte darauf, ob coperto e servizio compreso *sind, also Gedeck und Bedienung inbegriffen. Und auch wenn der* servizio *eigens in Rechnung gestellt wird, sollte man – wie auch sonst – dem* cameriere *für eine aufmerksame Bedienung ein kleines pekuniäres Dankeschön zukommen lassen, bei dessen Höhe man sich an den deutschen Gepflogenheiten orientieren kann.*

schen Geschäftsleute, und dazu gehören natürlich auch die Restaurantbesitzer, früher anscheinend nur aus Nächstenliebe gearbeitet haben, wollte man ihren Steuererklärungen glauben. Dem hat der italienische Staat dann einen Riegel vorgeschoben, indem er den Restaurantbesitzern auferlegte, den Kunden eine von einer Computerkasse erstellte Rechnung, eben eine **ricevuta fiscale**, auszuhändigen.

Die Speisekarte

menù	Speisekarte
specialità (della casa)	Spezialität (des Hauses)
coperto	Gedeck
servizio (compreso)	Bedienung (inbegriffen)

Damit man im Falle eines Falles schnell fündig wird, wenn man im Restaurant sitzt und nicht so recht weiß, was einen wohl beim Bestellen dieses oder jenes Gerichtes erwarten würde, sind die nachfolgenden Wörter und Ausdrücke in alphabetischer Reihenfolge und nicht nach Kategorien (wie Vorspeisen, Hauptgerichte etc.) sortiert aufgeführt.

a vapore	gedämpft
abbacchio	Milchlamm
acciughe	Sardellen
affettato misto	Aufschnitt
affumicato	geräuchert
agnello	Lamm
ai ferri	vom Rost
al burro	mit Butter
al dente	mit „Biss“
al forno	überbacken
al pesto	mit Basilikum, Knoblauch & Pinienkernen
al sangue	englisch *(bei Fleisch)*
al sugo	mit Tomatensoße
alici	Sardellen
all'amatriciana	mit Tomaten, roten Paprikaschoten, Speck & Zwiebeln
all'arrabbiata	mit scharfer Tomatensoße
alla bolognese/ al ragù	mit Hackfleisch
alla cacciatora	mit Knoblauch, Kräutern & Wein
alla carbonara	mit Ei & Speck

alla griglia	gegrillt, vom Grill
alla marinara	mit Meeresfrüchten
alla panna	mit Sahne
alla pizzaiola	mit Tomatensoße, Pilzen & Basilikum
alla puttanesca	mit Oliven, Kapern & schwarzem Pfeffer
allo spiedo	am Spieß
anatra, anitra	Ente
antipasti	Vorspeisen
aragosta	Languste
aringa	Hering
arrostito	gebraten, geröstet
arrosto	Braten; gebraten
assortito	gemischt
babà al rum	mit Rum getränkter Hefekuchen
baccalà	Stockfisch
bagna cauda	heiße Soße aus Öl, Knoblauch & Sardellen
besciamella	Béchamelsauce
bistecca (**ai ferri**)	Steak (vom Grill)
bollito misto	versch. gekochtes Fleisch
braciola	Kotelett
branzino	Seebarsch
brasato	Schmorbraten
bresaola	luftgetrocknetes Rindfleisch
brodetto	Fischsuppe
brodo	Brühe
budino	Pudding
burro fuso	zerlassene Butter
cacciagione	Wild

canederli	Knödel
caponata	Auberginen, Paprika, Tomaten, Öl
capperi	Kapern
capretto	Zicklein
capriolo	Reh
carni	Fleischgerichte
carpa	Karpfen
carpaccio	dünngeschnittenes rohes Rindfleisch
casalingo	hausgemacht
cassata	Eis mit kandierten Früchten
cassata alla siciliana	Biskuittorte mit Quark & kandierten Früchten
cervello	Hirn
cialda	Waffel
cinghiale	Wildschwein
coniglio	Kaninchen
contorni	Beilagen
coperto	Gedeck
coscia	Keule
costoletta	Kotelett
cotto	gekocht, gar
crostacei	Schalentiere
crostata	Mürbteigkuchen
crudo	roh; roher Schinken
dessert	Nachtisch
dolci	Süßspeisen
fagiano	Fasan
farcito	gefüllt
farinacei	Teigwaren
fetta	Scheibe

fettina	kleines Schnitzel
filetto	Filet
fonduta	Fondue
formaggi, **formaggio**	Käse
frittata	Omelette
frittella	Krapfen
fritto misto	verschiedene gebackene Fische & Meeresfrüchte
frittura di pesce	in Öl gebackene Fische
frutta	Obst
frutti di mare	Meeresfrüchte
funghi	Pilze
gamberetti	Garnelen
gamberi	Krebse
gelato	Eis
gnocchi	Kartoffelklößchen
granchi	Krabben
gratinato	überbacken
imbottito	gefüllt
impanato	paniert
insalata di mare	Meeresfrüchtesalat
insalate	Salate
involtini	Rouladen
lardo	Speck
lattuga	Kopfsalat
lepre	Hase
lombata	Lende
lumache	Schnecken
macedonia (di frutta)	Obstsalat
maiale	Schweinefleisch
manzo	Rindfleisch

manzo lesso	gekochtes Rindfleisch
marinato	mariniert
meringa	Baiser
merluzzo	Kabeljau
milza	Milz
minestra, **zuppa**	Suppe
minestrone	Gemüsesuppe
misto	gemischt
nasello	Seehecht
novello	jung
oca	Gans
orata	Goldbrasse
ostriche	Austern
pancetta	durchwachsener Speck
passato	Püree
pasta	Nudeln, Teigwaren
paste	Gebäck(stücke)
pasticcini	Teegebäck
pasticcio	Pastete

patate	Kartoffeln
pesce spada	Schwertfisch
pesci	Fischgerichte
petti di pollo	Hühnerbrüstchen
polenta	Maisbrei
pollame	Geflügel
pollo	Huhn
pollo arrosto	Brathähnchen
polpette	Frikadellen
polpettone	Hackbraten
porchetta	Spanferkel
primi (**piatti**)	erste Gänge (Suppe, Pasta oder Risotto)
profiterole	m. Schokolade überzogene gefüllte Eclairs
prosciutto cotto	gekochter Schinken
purè, **purea**	Püree
razza	Rochen
ripieno	gefüllt
risotto	Reisgericht
rognoni	Nieren
rombo	Steinbutt
salmone	Lachs
salsicce	Würstchen

sarde	Sardinen
secondi (piatti)	zweite Gänge (Fisch oder Fleisch)
selvaggina	gefüllt
seppie, calamari	Tintenfische
sfogliata	Blätterteiggebäck
sformato	Auflauf
sogliola	Seezunge
sottaceti	in Essig eingelegtes Gemüse
spezzatino	Gulasch
spiedino	Fleischspieß
spumone	Schaumgefrorenes
stoccafisso	Stockfisch
stracotto	Schmorbraten
stufato	gedünstet; Schmorbraten
tacchino	Putenfleisch
tartufi	Trüffel
tartufo	Schokoladeneis mit Vanille-Kern
tonno	Tunfisch
torrone	Nougat mit Honig, Mandeln & kandierten Früchten
torta	Torte
triglia	Barbe
trippa	Kutteln
trota	Forelle
verdure	Gemüse
vongole	Venusmuscheln
zabaione	Weinschaumcreme
zampone	gefüllter Schweinsfuß
zuppa di pesce	Fischsuppe

Italienische Spezialitäten

insalata caprese	Mozzarella mit Tomaten & Basilikum
zuppa inglese	Torte aus mehreren Schichten in Likör getränkter Biskuits mit heller & dunkler Creme dazwischen
costoletta alla milanese	Wiener Schnitzel
piccata	mit Zitrone zubereitetes Kalbsschnitzel
cozze alla marinara	Miesmuscheln in Weißwein
fegato (alla veneziana)	Leber (mit Zwiebeln & Salbei)
saltimbocca alla romana	Kalbsschnitzel mit Schinken & Salbei
vitello (tonnato)	Kalbfleisch (in Tunfischsoße)
anguilla alla bisentina	mit Wein & Lorbeer gebackener Aal
anguilla alla veneziana	Aal in Zitronensoße
animelle	Kalbsbries
osso bucco	Kalbshaxe in Wein-Tomaten-Soße
bavarese	„bayerische Creme“, Halbgefrorenes aus Milch, Eiern, Sahne & Zucker
risi e bisi	Reis mit Erbsen & Parmesankäse

Reservieren

Buongiorno, vorrei prenotare un tavolo per due persone.
buondschorno worräi prenotare un tawolo per due perßone
guter-Tag (ich-)würde-wollen reservieren ein Tisch für zwei Personen
Guten Tag, ich möchte einen Tisch für zwei Personen reservieren.

Per quando?
per kwando
für wann
Für wann?

Per stasera/domani/dopodomani.
per ßtaßera/domani/dopodomani
für diese-Abend/morgen/nach-morgen
Für heute Abend/morgen/übermorgen.

A che ora?
a ke ora
zu was Stunde
Für welche Uhrzeit?

Alle otto/otto e mezza.
alle otto/otto e mätsa
zu-die acht/acht und halbe
Für acht Uhr/halb neun.

A che nome?
a ke nome
zu was Name
Auf welchen Namen?

A nome di ...
a nome di
zu Name von
Auf den Namen ...

Buona sera, abbiamo prenotato un tavolo per due a nome di ...
buona ßera abjamo prenotato un tawolo per due a nome di
gute Abend (wir-)haben reserviert ein Tisch für zwei zu Name von
Guten Abend, wir haben auf den Namen ... einen Tisch für zwei reserviert.

Buona sera, ha un tavolo per quattro persone?
buona ßera a un tawolo per kwattro perßone
gute Abend (er/sie-)hat ein Tisch für vier Personen
Guten Abend, haben Sie einen Tisch für vier Personen?

Ha un tavolo alla finestra/sulla terrazza/ in giardino?
a un tawolo alla finäßtra/ßulla terratsa/in dschardino
(er/sie-)hat ein Tisch zu-die Fenster/auf-die Terrasse/ in Garten
Haben Sie einen Tisch am Fenster/auf der Terrasse/im Garten?

Bestellen

Possiamo avere il menù/la lista dei vini, per favore?
poßjamo awere il men<u>u</u>/la lißta dei wini per fawore
(wir-)können haben der Menü/die Liste von-die Weine für Gefallen
Können wir bitte die Speisekarte/die Weinkarte haben?

Vorremmo ordinare, per favore.
worrämmo ordinare per fawore
(wir-)würden-wollen bestellen für Gefallen
Wir möchten gern bestellen.

Avete già scelto?
awete dscha schelto
(ihr-)habt schon gewählt
Haben Sie schon gewählt?

No, non ancora.
no non ankora
nein nicht schon
Nein, noch nicht.

Mi ci vuole ancora un minuto.
mi tschi wuole ankora un minuto
mir da (er/sie-)will noch eine Minute
Ich brauche noch eine Minute.

Che cosa ci consiglia?
ke koßa tschi konßilja
was Sache uns (er/sie-)empfiehlt
Was empfehlen Sie uns?

Quali sono le specialità della regione?
kwali ßono le ßpetschalita̲ della redschone
welche (sie-)sind die Spezialitäten von-die Region
Was sind die Spezialitäten der Gegend?

Cos'è il piatto del giorno?
koßä̲ il pjatto del dschorno
was'(er/sie-)ist der Teller vom Tag
Was ist das Tagesgericht?

Mi può spiegare cos'è ...?
mi puo ßpjegare koßä
mir (er/sie-)kann erklären was'(er/sie-)ist
Können Sie mir erklären, was ... ist?

Com'è preparato?
komä preparato
wie'(er/sie-)ist zubereitet
Wie ist es zubereitet?

Sono diabetico/vegetariano.
ßono diabätiko/wedschetariano
(ich-)bin Diabetiker/Vegetarier
Ich bin Diabetiker/Vegetarier.

Vorrei il mio cibo senza ..., per favore.
worräi il mio tschibo ßäntsa ... per fawore
(ich-)würde-wollen der mein Speise ohne ... für Gefallen
Ich möchte mein Essen bitte ohne ...

Prendo/Prendiamo come antipasto/primo/secondo ...
prändo/prändjamo kome antipaßto/primo/ßekondo
(ich-)nehme/(wir-)nehmen wie Vorspeise/Erster/Zweiter
Ich nehme/Wir nehmen als Vorspeise/ersten Gang/zweiten Gang ...

Che c'è come contorno/dessert?
ke tschä kome kontorno/deßär
was da'(er/sie-)ist wie Beilage/Dessert
Was gibt es als Beilage/Nachtisch?

La bistecca ben cotta/non troppo cotta/ al sangue, per favore.
la bißteka ben kotta/non troppo kotta/al ßangwe per fawore
die Steak gut gekocht/nicht zu-viel gekocht/zum Blut für Gefallen
Das Steak bitte gut durch/nicht ganz durch/ blutig.

Mi/Ci potrebbe portare ancora un po' di pane, per cortesia?
mi/tschi poträbbe portare ankora un po di pane per korteßia
mir/uns (er/sie-)könnte bringen noch ein wenig von Brot für Höflichkeit
Könnten Sie mir/uns bitte noch ein bisschen Brot bringen?

E da bere?
e da bere
und von trinken
Und zu trinken?

un quarto di rosso
un kwarto di roßo
ein Viertel von rot
einen Viertelliter Rotwein

un litro di bianco
un litro di bjanko
ein Liter von weiß
einen Liter Weißwein

una birra alla spina
una birra alla ßpina
eine Bier zu-die Stachel
ein Bier vom Fass

una bottiglia di acqua minerale gassata/ naturale
una bottilja di akwa minerale gaßata/naturale
eine Flasche von Wasser mineralisch gashaltig/ natürlich
eine Flasche Mineralwasser mit/ohne Kohlensäure

Prende/Prendete un dessert/caffè?
prände/prändete un deßär/kaffä
(er/sie-)nimmt/(ihr-)nehmt ein Dessert/Kaffee
Möchten Sie einen Nachtisch/Kaffee?

Sì, prendo ...	**No, grazie, non per me.**
ßi prändo	no gratsje non per mä
ja (ich-)nehme	*nein danke nicht für mich*
Ja, ich nehme ...	Nein, danke, nicht für mich.

Posso avere uno stuzzicadenti/un posacenere, per cortesia?
poßo awere uno ßtutsikadänti/un posatschenere per korteßia
(ich-)kann haben ein (er/sie-)reizt-Zähne für Höflichkeit
Kann ich bitte einen Zahnstocher/Aschenbecher haben?

Toilette & Co.

Scusi, dove sono i gabinetti?
ßkußi dowe ßono i gabinetti
entschuldigen(-Sie) wo (sie-)sind die Toiletten
Entschuldigung, wo sind die Toiletten?

Dove posso lavarmi le mani?
dowe poßo lawarmi le mani
wo (ich-)kann waschen-mich die Hände
Wo kann ich mir die Hände waschen?

Non c'è della carta igienica/del sapone/un asciugamano.
non tschä della karta idschenika/del ßapone/un aschugamano
nicht da'(er/sie-)ist von-die Papier hygienisch/ von-der Seife/ein trocknet-Hand
Es gibt kein Toilettenpapier/keine Seife/kein Handtuch.

Reklamieren & Bezahlen

Cameriere, manca ancora un coltello/una forchetta.
kamerjäre manka ankora un koltällo/una forketta
Ober (er/sie-) fehlt noch ein Messer/eine Gabel
Herr Ober, es fehlt noch ein Messer/eine Gabel.

La tovaglia è sporca.
la towalja ä ßporka
die Tischdecke (er/sie-)ist schmutzig
Die Tischdecke ist schmutzig.

coltello	Messer
forchetta	Gabel
cucchiaio	Löffel
cucchiaino	Kaffee-/Teelöffel
posate*(w, Mz)*	Besteck
tazza	Tasse
bicchiere*(m)* (**da vino**)	(Wein-)Glas
brocca	Krug
bottiglia	Flasche
stoviglie*(m, Mz)*	Geschirr
piatto	Teller
piatto fondo	Suppenteller
ciotola	Schale
saliera	Salzstreuer
spargipepe*(m)*	Pfefferstreuer
stuzzicadenti*(m)*	Zahnstocher
tovagliolo	Serviette
tovaglia	Tischdecke

Non ho/abbiamo ordinato questo.
non o/abjamo ordinato kweßto
nicht (ich-)habe/(wir-)haben bestellt dieser
Das habe ich/haben wir nicht bestellt.

La minestra è fredda/troppo salata.
la minäßtra ä fredda/troppo ßalata
die Suppe (er/sie-)ist kalt/zuviel gesalzen
Die Suppe ist kalt/versalzen.

La carne non è cotta.
la karne non ä kotta
die Fleisch nicht (er/sie-)ist gekocht
Das Fleisch ist nicht durch.

Il pesce ha un gusto strano.
il pesche a un gußto ßtrano
der Fisch (er/sie-)hat ein Geschmack seltsam
Der Fisch schmeckt merkwürdig.

Cameriere, il conto, per favore.
kamerjäre il konto per fawore
Ober der Rechnung für Gefallen
Herr Ober, die Rechnung bitte.

Ci dev'essere un errore.
tschi dew'äßere un errore
da (er/sie-)muss'sein ein Fehler
Da stimmt etwas nicht.

Posso pagare con carta di credito?
poßo pagare kon karta di kredito
(ich-)kann zahlen mit Karte von Kredit
Kann ich mit Kreditkarte bezahlen?

Va bene così.
wa bäne koßi
(er/sie-)geht gut so
Stimmt so.

Einkaufen

Auf dem Markt & im Supermarkt

Cerco ...
tscherko
(ich-)suche
Ich suche ...

Dove posso trovare ...?
dowe poßo troware
wo (ich-)kann finden
Wo finde ich ...?

Dove posso comprare ...?
dowe poßo komprare
wo (ich-)kann kaufen
Wo kann ich ... kaufen?

C'è un mercato qui?
tschä un merkato kwi
da'(er/sie-)ist ein Markt hier
Gibt es hier einen Markt?

Dov'è il supermercato più vicino?
dowä il ßupermerkato pju witschino
wo'(er/sie-)ist der Supermarkt mehr nah
Wo ist der nächste Supermarkt?

Mi può raccomandare un macellaio/fornaio?
mi puo rakomandare un matschellajo/fornaio
mir (er/sie-)kann empfehlen ein Metzger/Bäcker
Können Sie mir einen Metzger/Bäcker empfehlen?

Mi potrebbe aiutare, per cortesia?
mi potrebbe ajutare per korteßia
mir (er/sie-)könnte helfen für Höflichkeit
Könnten Sie mir bitte helfen?

Ha ...?
a
(er/sie-)hat
Haben Sie ...?

Vorrei ...
worräi
(ich-)würde-wollen
Ich hätte gern ...

Mi dà ..., per favore.
mi da ... per fawore
mir (er/sie-)gibt ... für Gefallen
Geben Sie mir bitte ...

È fresco il pesce?
ä freßko il pesche
(er/sie-)ist frisch der Fisch
Ist der Fisch frisch?

Sono dolci le pesche?
ßono doltschi le päßke
(sie-)sind süß die Pfirsiche
Sind die Pfirsiche süß?

Come si chiama questo formaggio?
kome ßi kjama kweßto formaddscho
wie sich (er/sie-)ruft dieser Käse
Wie heißt dieser Käse?

È della regione?
ä della redschone
(er/sie-)ist von-die Region
Kommt er hier aus der Gegend?

Posso assaggiare un pezzetino, per cortesia?
poßo aßadschare un pettsetino per korteßia
(ich-)kann probieren ein Stückchen für Höflichkeit
Kann ich ein Stückchen probieren?

Quanto costa?
kwanto koßta
wie-viel (er/sie-)kostet
Wie viel kostet das?

Quanto costa al chilo?
kwanto koßta al kilo
wie-viel (er/sie-)kostet zum Kilo
Wie viel kostet das Kilo?

Un po' di meno/più, per favore.
un po di meno/pju per fawore
ein wenig von weniger/mehr für Gefallen
Etwas weniger/mehr, bitte.

La metà/Un quarto, per favore.
la meta/un kwarto per fawore
die Hälfte/ein Viertel für Gefallen
Die Hälfte/Ein Viertel, bitte.

Mengenangaben & Gewichte

doppio	doppjo	Doppelte(s)
dozzina	dotsina	Dutzend
alcuni_(m)_/ **alcune**_(w)_	alkuni/ alkune	einige
grammo	grammo	Gramm
manciata	mantschata	Handvoll
chilogrammo	kilogrammo	Kilogramm
chilometro	kilometro	Kilometer
litro	litro	Liter
metà	meta	Hälfte
mezzo	mätso	halb
misura	mißura	Maß
più	pju	mehr
quantità	kwantita	Menge
metro	mätro	Meter
millilitro	millilitro	Milliliter
millimetro	millimetro	Millimeter
paio	pajo	Paar
pacchetto	packetto	Packung
scatola	ßkatola	Schachtel
fetta	fetta	Scheibe
pezzo	petso	Stück
molto	molto	viel
molti_(m)_/ **molte**_(w)_	molti/ molte	viele
poco	poko	wenig
pochi_(m)_/ **poche**_(w)_	poki/ poke	wenige
meno	meno	weniger
centimetro	tschentimetro	Zentimeter
mezzo quintale	mätso kwintale	Zentner
troppo	troppo	zu viel

Basta così, grazie.
baßta koßi gratsje
(er/sie-)genügt so danke
Danke, das genügt.

È un po' troppo.
ä un po troppo
(er/sie-)ist ein wenig zu viel
Das ist ein bisschen zu viel.

Grazie, è tutto.
gratsje ä tutto
danke (er/sie-)ist alles
Danke, das ist alles.

Avrebbe un sacchetto per me?
awräbbe un ßacketto per me
(er/sie-)hätte ein Säckchen für mich
Haben Sie bitte eine Tüte für mich?

A che ora apre/chiude?
a ke ora apre/kjude
zu was Stunde (er/sie-)öffnet/schließt
Um wie viel Uhr öffnen/schließen Sie?

wichtige Wörter

comprare	komprare	kaufen
vendere	wendere	verkaufen
cercare	tscherkare	suchen
dare	dare	geben
prezzo	prätso	Preis
(troppo) caro	(troppo) karo	(zu) teuer
a buon mercato	a buon merkato	billig

quantità	kwantita	Menge
più	pju	mehr
meno	meno	weniger
chilo	kilo	Kilo
etto	ätto	100 Gramm
grammo	grammo	Gramm
pezzo	pettso	Stück
fetta	fetta	Scheibe
qualità	kwalita	Qualität
fresco	freßko	frisch
maturo	maturo	reif
(**prodotti**) **surgelati**	(prodotti) ßurdschelati	Tiefkühlkost
negozio	negotsjo	Laden, Geschäft
mercato	merkato	Markt
supermercato	ßupermerkato	Supermarkt
orario di apertura	orario di apertura	Öffnungszeiten

Chi fa da sè

Italienische Rezepte

Fusilli al gorgonzola

ingredienti (per 4 persone):

400 g di fusilli
300 g di gorgonzola morbido
40 g di burro
sale

preparazione:

In una padella capiente fate sciogliere il burro e aggiungete dopo poco il gorgonzola tagliato a cubetti. Lasciate cucinare a fiamma bassa per circa 3 minuti e nel frattempo cuocete in acqua bollente i fusilli. Scolateli al dente, versateli nella padella e amalgamateli al resto per qualche secondo aggiungendo un mestolo scarso di acqua di cottura. Serviteli subito ancora caldissimi.
indicazione:
La pasta non va insaporita con grana grattugiato.

ingredienti*(m, Mz)*	ingredjänti	Zutaten
morbido	morbido	weich
preparazione*(w)*	preparatsjone	Zubereitung
preparare	preparare	zubereiten

padella	padälla	*Pfanne*
sciogliere	scholjere	*schmelzen, auflösen*
aggiungere	adschundschere	*hinzufügen, dazugeben*
tagliare (**a cubetti**)	taljare (a kubetti)	*(in Würfel) schneiden*
cucinare	kutschinare	*kochen, zubereiten*
a fiamma bassa	a fjamma baßa	*bei niedriger Temperatur*
cuocere	kuotschere	*kochen, garen*
bollire	bollire	*kochen, sieden (Wasser)*
scolare	ßkolare	*abgießen, ausschütten*
versare	werßare	*gießen*
amalgamare	amalgamare	*vermengen, vermischen*
mestolo	meßtolo	*Kochlöffel*
servire	ßerwire	*servieren*
indicazione*(w)*	indikatsjone	*abschmecken*
insaporire	inßaporire	*Hinweis*
grana grattugiato	grana grattudschato	*geriebener Käse (Parmesan)*

Zubereitung:
Schmelzen Sie die Butter in einer geräumigen Pfanne, und geben Sie kurz danach den in kleine Würfel geschnittenen Gorgonzola dazu. Auf niedriger Temperatur ungefähr drei Minuten kochen lassen und in der Zwischenzeit die Fusilli in kochendem Wasser kochen. Gießen Sie sie ab, wenn sie **al dente** *sind, schütten Sie sie in eine Pfanne und vermengen Sie sie einige Sekunden mit dem Rest, wobei Sie einen knappen Kochlöffel voll des Kochwassers dazu-geben. Servieren Sie sie sofort, solange sie noch heiß sind.*
Hinweis:
Die Nudeln nicht mit geriebenem Käse abschmecken.

Saltimbocca all'Italiana

ingredienti (per 4 persone):

600 g di tacchino (a fette)
150 g di prosciutto cotto
foglie di salvia
olio d'oliva
1 bicchiere di vino bianco
sale fino
pepe

preparazione:

Per cominciare salate e pepate le fettine di carne, successivamente posate su ognuna una fettina di prosciutto, una fogliolina di salvia e fermatele servendovi di uno stuzzicadenti. A parte, in una padella antiaderente, fate riscaldare l'olio e adagiate con cura le fettine dalla parte del prosciutto lasciandole cuocere per un minuto a fiamma alta. Aiutandovi con due forchette, voltate le fettine e continuate la cottura ancora per un altro minuto. Successivamente, toglietele dal fuoco e posatele su di un piatto piano da portata, mentre nella padella versate il vino che lascerete restringersi per un minuto fino a ottenere una salsina cremosa che servirà a cospargere i saltimbocca.

a fette	a fette	*in Scheiben*
foglie di salvia	folje di ßalwia	*Salbeiblätter*
salare	ßalare	*salzen*
pepare	pepare	*pfeffern*
stuzzicadenti*(m)*	ßtutsikadänti	*Zahnstocher*
riscaldare	rißkaldare	*erwärmen, aufwärmen*
a fiamma alta	a fjamma alta	*bei hoher Temperatur*
voltare	woltare	*umdrehen*
restringersi	reßtrindscherßi	*sich zusammenziehen*
ottenere	ottenere	*bekommen, erhalten*
una salsina cremosa	una ßalßina krämosa	*ein cremiges Sößchen*
cospargere	koßpardschere	*bestreuen, bedecken, begießen*

Zubereitung:
Salzen und pfeffern Sie zuerst das Fleisch, legen Sie dann auf jede Scheibe Fleisch eine Scheibe Schinken, ein Salbeiblättchen und befestigen Sie alles mit einem Zahnstocher. Erwärmen Sie nebenbei in einer nicht haftenden Pfanne das Öl, legen Sie dann das Fleisch sorgfältig auf die Seite mit dem Schinken, und lassen Sie es eine Minute bei hoher Temperatur braten. Drehen Sie das Fleisch mit Hilfe von zwei Gabeln um, und lassen Sie es noch eine Minute braten. Nehmen Sie es anschließend vom Feuer und legen Sie es auf eine flache Servierplatte, während Sie den Wein in die Pfanne gießen und ihn eine Minute zusammenziehen lassen, bis Sie ein cremiges Sößchen bekommen, mit dem Sie die Saltimbocca übergießen.

Redensarten rund ums Essen

In einem Land, das quasi als Synonym für Gaumenfreuden und Lebenslust steht, gibt es natürlich auch zahlreiche „anschauliche" Ausdrücke und Formulierungen zu diesem Thema. Nachfolgend eine kleine Auswahl von Konstruktionen, die alle mit **mangiare** – essen – zusammenhängen.

mangiare a crepapelle
... bis die Haut platzt
essen, bis man platzt

mangiare a più non posso
... bis zum Geht-nicht-mehr
essen, was reingeht

mangiare a quattro ganasce/palmenti
... mit vier Kinnladen/Mühlsteinen
essen wie ein Scheunendrescher

mangiare la foglia
das Blatt essen
auf die Schliche kommen

l'appetito vien mangiando
der Appetit kommt beim Essen

mangiare con gli occhi
mit den Augen verschlingen

o mangiare questa minestra o saltare dalla finestra
entweder diese Suppe essen oder aus dem Fenster springen
friss oder stirb

mangiare i confetti di qualcuno
die dragierten Mandeln von jemandem essen
jemandes Hochzeit feiern

Auf italienischen Hochzeiten werden üblicherweise dragierte Mandeln an die Gäste verteilt.

mangiare il pane a tradimento
das Brot hinterrücks essen
auf Kosten anderer leben

mangiare due bocconi
... zwei Bissen
eine Kleinigkeit essen, einen Happen zu sich nehmen

mangiarsi il fegato
seine Leber essen
sich krank ärgern

mangiarsi le mani
seine Hände essen
sich ohrfeigen können, etwas bitter bereuen

mangiarsi vivo qualcuno
jemanden lebend essen
jemanden vor Wut fressen können

mangiarsi l'avversario
beim Sport etc.
den Gegner fertig-/niedermachen

Wörter, die weiterhelfen

Vorrei ...
worräi
Ich möchte ...

Vorrei un chilo di pomodori.
worräi un kilo di pomodori
(ich-)würde-wollen ein Kilo von Tomaten
Ich möchte ein Kilo Tomaten.

Cerco ...
tscherko
Ich suche ...

Cerco un ristorante non troppo caro.
tscherko un rißtorante non troppo karo
(ich-)suche ein Restaurant nicht zu-viel teuer
Ich suche ein nicht zu teures Restaurant.

Ho bisogno di ...
o bißonjo di
Ich brauche ...

Ho bisogno di qualcosa contro male di testa.
o bißonjo di kwalkoßa kontro male di teßta
(ich-)habe Bedarf von etwas gegen der Schlechte von Kopf
Ich brauche etwas gegen Kopfschmerzen.

Ha ...?
a
Haben Sie ...?

Ha anche pane integrale?
a anke pane integrale
(er/sie-)hat auch Brot vollständig
Haben Sie auch Vollkornbrot?

Dov'è ...?
dowä
Wo ist ...?

Dov'è il mercato?
dowä il merkato
wo-(er/sie-)ist der Markt
Wo ist der Markt?

C'è ...?
tschä
Gibt es ...?

C'è un panettiere qui vicino?
tschä un panetjere kwi witschino
da'(er/sie-)ist ein Bäcker hier nahe
Gibt es hier in der Nähe einen Bäcker?

Zahlen, zählen, Zeitangaben

Grundzahlen

0	**zero**	tsäro	10	**dieci**	djätschi
1	**uno**	uno	11	**undici**	unditschi
2	**due**	due	12	**dodici**	doditschi
3	**tre**	tre	13	**tredici**	treditschi
4	**quattro**	kwattro	14	**quattordici**	kwattorditschi
5	**cinque**	tschinkwe	15	**quindici**	kwinditschi
6	**sei**	ßäi	16	**sedici**	ßeditschi
7	**sette**	ßätte	17	**diciassette**	ditschaßätte
8	**otto**	otto	18	**diciotto**	ditschotto
9	**nove**	nowe	19	**diciannove**	ditschanowe

20	**venti**	wenti
30	**trenta**	trenta
40	**quaranta**	kwaranta
50	**cinquanta**	tschinkwanta
60	**sessanta**	ßeßanta
70	**settanta**	ßettanta
80	**ottanta**	ottanta
90	**novanta**	nowanta

100	**cento**	tschänto
200	**duecento**	duetschänto
300	**trecento**	tretschänto
400	**quattrocento**	kwattrotschänto
500	**cinquecento**	tschinkwetschänto

600	**seicento**	ße'itschänto
700	**settecento**	ßettetschänto
800	**ottocento**	ottotschänto
900	**novecento**	nowetschänto

1000	**mille**	mille
5000	**cinquemila**	tschinkwemila
10000	**diecimila**	djätschimila
100000	**centomila**	tschäntomila
1000000	**un milione**	un miljone

Ordnungszahlen

1.	**primo**, **-a**	primo
2.	**secondo**, **-a**	ßekondo
3.	**terzo**, **-a**	tertso
4.	**quarto**, **-a**	kwarto
5.	**quinto**, **-a**	kwinto
6.	**sesto**, **-a**	ßeßto
7.	**settimo**, **-a**	ßättimo
8.	**ottavo**, **-a**	ottawo
9.	**nono**, **-a**	nono
10.	**decimo**, **-a**	detschimo

Die Uhrzeit

Sono le tre.	Es ist drei (Uhr).	ßono le tre
Sono le ...	Es ist ...	ßono le
... tre e cinque.	... fünf nach drei.	tre e tschinkwe
... tre e dieci.	... zehn nach drei.	tre e djätschi
... tre e un quarto.	... Viertel nach drei	tre e un kwarto
... tre e venti.	... zwanzig nach drei.	tre e wenti

tre e wentitschinkwe	**... tre e venticinque.**	... fünf vor halb vier.
tre e mädsa	**... tre e mezza.**	... halb vier
tre e trentatschinkwe	**... tre e trentacinque.**	... fünf nach halb vier.
kwattro meno wenti	**... quattro meno venti.**	... zwanzig vor vier.
kwattro meno un kwarto	**... quattro meno un quarto.**	... Viertel vor vier.
kwattro meno djätschi	**... quattro meno dieci.**	... zwanzig vor vier.
kwattro meno tschinkwe	**... quattro meno cinque.**	... fünf vor vier.
ßono le kwattro	**Sono le quattro.**	Es ist vier (Uhr).

andere Zeitangaben

fra poko	**fra poco**	bald
prima	**prima**	vorher
dopo	**dopo**	danach, nachher
poi	**poi**	dann
präßto	**presto**	früh
tardi	**tardi**	spät
oddschi	**oggi**	heute
järi	**ieri**	gestern
laltrojäri	**l'altro ieri**	vorgestern
ßämpre	**sempre**	immer
kwalke wolta	**qualche volta**	manchmal
ma'i	**mai**	nie
adäßo	**adesso**	jetzt
domani	**domani**	morgen
dopodomani	**dopodomani**	übermorgen
di mattina	**di mattina**	morgens, vormittags
a medsodschorno	**a mezzogiorno**	mittags

di pomeriggio	nachmittags	di pomeridscho
di sera	abends	di ßera
di notte	nachts	di notte
spesso	oft	ßpeßo
di rado	selten	di rado
ogni giorno	täglich	onji dschorno
poco	kürzlich	poko
prima	zuerst	prima

Wochentage

lunedí	Montag	lunedi
martedí	Dienstag	martedi
mercoledí	Mittwoch	merkoledi
giovedí	Donnerstag	dschowedi
venerdí	Freitag	wenerdi
sabato	Samstag	ßabato
domenica	Sonntag	domenika
il giorno di festa	Feiertag	il dschorno di fäßta

Monate

gennaio	Januar	**febbraio**	Februar	dschenajo / febbrajo
marzo	März	**aprile**	April	martso / aprile
maggio	Mai	**guigno**	Juni	madscho / dschunjo
luglio	Juli	**agosto**	August	luljo / agoßto
settembre	September	**ottobre**	Oktober	ßettämbre / ottobre
novembre	November	**dicembre**	Dezember	nowämbre / ditschämbre

Hauptwörter & Artikel

Einzahl (Singular)

Man unterscheidet im Italienischen nur zwischen männlich *(m)* und weiblich *(w)*. Ein sächliches Geschlecht wie im Deutschen gibt es nicht. Hauptwörter (Substantive), die auf **-o** enden, sind in der Regel männlich; sie haben in der Einzahl den Artikel **il**. Bei den auf **-a** endenden Hauptwörtern handelt es sich meist um weibliche Substantive, deren Artikel **la** lautet:

il pomodoro	die Tomate
il coltello	das Messer
il pezzo	das Stück
la forchetta	die Gabel
la tazza	die Tasse
la mela	der Apfel

Neben den auf **-o** und **-a** endenden Hauptwörtern existiert noch eine dritte Gruppe, die auf **-e** endet. Diese Substantive können männlich oder weiblich sein und nehmen dementsprechend **il** oder **la** als Artikel an.

il bicchiere	das Glas
il melone	die Honigmelone
la noce	die Nuss
la parte	der Teil

Ist der erste Buchstabe des Hauptwortes (egal ob männlich oder weiblich) ein Selbstlaut, verkürzt sich der Artikel zu **l'**:

l'antipasto die Vorspeise
l'infuso der Kräutertee
l'oste der Gastwirt

l'insalata der Salat
l'uva die Traube
l'acquavite der Schnaps

Schließlich benutzt man füreine kleine Gruppe männlicher Hauptwörter den Artikel **lo**. Diese Substantive beginnen entweder mit einem **z** oder mit einem **s** + Konsonant:

lo zampone der gefüllte Schweinefuß
lo spuntino der Imbiss

Mehrzahl (Plural)

Die auf männliche Hauptwörter hinweisende Endung **-o** wird in der Mehrzahl zu **-i**, das bei weiblichen Substantiven auftauchende **-a** zu **-e**. Der männliche Pluralartikel lautet **i**, der weibliche **le**.

i pomodori die Tomaten
i coltelli die Messer
i pezzi die Stücke

le forchette die Gabeln
le tazze die Tassen
le mele die Äpfel

Bei auf Selbstlaut beginnenden Hauptwörtern heißt der männliche Artikel **gli**, der weibliche – wie vorher – **le**.

gli antipasti	die Vorspeisen
gli infusi	die Kräutertees
gli osti	die Gastwirte
le insalate	die Salate
le uve	die Trauben
le acquaviti	die Schnäpse

Die Hauptwörter auf **-e** enden im Plural auf **-i**, egal ob sie männlich oder weiblich sind. Für die Artikel gilt das oben Gesagte (also **i**/**gli** bzw. **le**).

i bicchieri	die Gläser
i meloni	die Honigmelonen
le noci	die Nüsse
le parti	die Teile

Die Hauptwörter, die in der Einzahl den Artikel **lo** haben, erhalten in der Mehrzahl **gli**.

gli zamponi	die gefüllten Schweinfüße
gli spuntini	die Imbisse

Fürwörter

Da die italienischen Verbformen die handelnde Person bereits „in sich tragen“, dienen die persönlichen Fürwörter vor allem der Betonung bzw. Hervorhebung oder der Vermeidung von Missverständnissen.

Personalpronomen (Persönliche Fürwörter)

io – ich	**noi** - wir
tu – du	**voi** - ihr
lui/lei - er/sie	**loro** - sie

Possessivpronomen (Besitzanzeigende Fürwörter)

il mio/ la mia	mein(e)	**il nostro/ la nostra**	unser(e)
il tuo/ la tua	dein(e)	**il vostro/ la vostra**	euer(e)
il suo/ la sua	sein(e), ihr(e)	**il loro/ la loro**	ihr(e)

Auch „den Besitz anzuzeigen“ ist im Italienischen alles andere als schwierig. Man benötigt dazu lediglich den Artikel und das, selbstverständlich an das nachfolgende Hauptwort (eben den „Besitz“) angeglichene, Fürwort.

und in der Mehrzahl:

i miei/le mie	**i nostri/le nostre**
i tuoi/le tue	**i vostri/le vostre**
i suoi/le sue	**i loro/le loro**

Demonstrativpronomen
(Hinweisende Fürwörter)

Die hinweisenden Fürwörter stimmen ebenfalls in Geschlecht und Zahl mit dem dazugehörigen Hauptwort überein. Sie stehen immer vor dem Substantiv.

questo/questa *(Ez, m/w)*
dieser, diese, dieses

questi/queste *(Mz, m/w)*
diese

oder, für Gegenstände, die sich nicht in unmittelbarer Nähe befinden:

quel*/quella *(Ez, m/w)*
dieser, diese, dieses dort/jener, jene, jenes

quei*/quelle *(Mz, m/w)*
diese dort/jene

Die männlichen Formen tanzen hier ein wenig aus der Reihe, sie richten sich nach dem bestimmten Artikel des nachfolgenden Hauptwortes.

quel	bei Artikel	**il**
quello	bei Artikel	**lo**
quell'	bei Artikel	**l'**
quei	bei Artikel	**i**
quegli	bei Artikel	**gli**

In der Einzahl verlieren die hinweisenden Fürwörter oft den Endvokal und bekommen stattdessen einen Apostroph, wenn das nachfolgende Hauptwort mit einem Selbstlaut beginnt: **quest'** - **quell'**.

Eigenschaftswörter

Eigenschaftswörter (Adjektive) stehen normalerweise nach dem Hauptwort, auf das sie sich beziehen und nach dem sie sich in Geschlecht *(m/w)* und Zahl *(Ez/Mz)* richten. So bekommen männliche Adjektive in der Regel die Endung **-o**, weibliche ein **-a**.

il pomodoro rosso	die rote Tomate
la mela rossa	der rote Apfel

Endet ein Adjektiv auf **-e**, kann es männlich und weiblich sein:

il coltello verde	das grüne Messer
la forchetta verde	die grüne Gabel

In der Mehrzahl verändern sich die Eigenschaftswörter nach denselben Regeln, die auch für die Hauptwörter gelten:

o	wird zu	**i**
a	wird zu	**e**
e	wird zu	**i**

i pomodori rossi	die roten Tomaten
le mele rosse	die roten Äpfel)

i coltelli verdi	die grünen Messer
le forchette verdi	die grünen Gabeln

Von einigen Farben wie **rosa** (rosa), **arancione** (orange), **blu** (blau) und **viola** (violett) existiert nur eine Form, die nicht verändert oder angeglichen wird.

Die Farben (i colori)

bianco	weiß	**giallo**	gelb
rosso	rot	**verde**	grün
blu	blau	**marrone**	braun
grigio	grau	**nero**	schwarz
chiaro	hell	**scuro**	dunkel

Einige andere nützliche Eigenschaftswörter

buono gut	**cattivo** schlecht
grande groß	**piccolo** klein
nuovo / giovane neu / jung	**vecchio** alt
lungo lang	**corto** kurz
bello schön	**brutto** hässlich
interessante interessant	**noioso** langweilig
a buon mercato billig	**caro** teuer
simpatico sympatisch	**antipatico** unsympatisch

veloce schnell	**lento** langsam
caldo warm	**freddo** kalt
facile einfach	**difficile** schwierig
ricco reich	**povero** arm
forte stark	**debole** schwach
intelligente klug	**stupido** dumm
vero wahr	**falso** falsch

Steigern & Vergleichen

Hierzu braucht man eigentlich nur das Wörtchen **più** (=mehr), und schon kann's losgehen. Man stellt also **più** vor das Eigenschaftswort – und schon ist es gesteigert:

caro / **cara** teuer	**più caro** / **più cara** teurer
forte stark	**più forte** stärker

Wird nun noch der Artikel davorgestellt, erhält man den Superlativ (der/die schönste, der/die edelste).

Tätigkeitswörter

Viele scheuen sich, die Tätigkeitswörter (Verben in Angriff zu nehmen, weil sie dieses Kapitel für allzu komplex und schwierig halten. Halb so schlimm, wie wir gleich sehen werden!

Es gibt drei Gruppen regelmäßiger Tätigkeitswörter im Italienischen – man erkennt sie an der Endung **-are**, **-ere** oder **-ire**.

-are

comprare	kaufen
ordinare	bestellen

-ere

prendere	nehmen
mettere	stellen, legen

-ire

aprire	öffnen
condire	würzen, anmachen

Was macht man nun damit? – Man trennt die Endung (**-are**/**-ere**/**-ire**) von der Grundform (Infinitiv) ab und hängt an den so erhaltenen Stamm die entsprechende, in der Tabelle unten aufgeführte Personalendung an. Die persönlichen Fürwörter braucht man im Italienischen nicht, da jede Form eine eigene Endung hat und somit klar ist, von wem die Rede ist. Nur wenn die Person besonders betont oder hervorgehoben oder ein Missverständnis vermieden werden soll, setzt man die Personalpronomen.

comprare

(**io**)	**compr-o**	(**noi**)	**compr-iamo**
(**tu**)	**compr-i**	(**voi**)	**compr-ate**
(**lui**/**lei**)	**compr-a**	(**loro**)	**compr-ano**

prendere

(**io**)	**prend-o**	(**noi**)	**prend-iamo**
(**tu**)	**prend-i**	(**voi**)	**prend-ete**
(**lui**/**lei**)	**prend-e**	(**loro**)	**prend-ono**

aprire

(**io**)	**apr-o**	(**noi**)	**apr-iamo**
(**tu**)	**apr-i**	(**voi**)	**apr-ite**
(**lui**/**lei**)	**apr-e**	(**loro**)	**apr-ono**

Eine Sonderstellung nehmen die Tätigkeitswörter auf **-ire** ein, da ein großer Teil von ihnen zwischen Stamm und Endung ein **-isc** einfügt (mit Ausnahme der 1. und 2. Person Mehrzahl). Bei welchen Verben dies der Fall ist, kann man nicht einfach so erkennen, am besten man prägt sich bei dieser Gruppe immer gleich die erste Person Einzahl mit ein. Zur Veranschaulichung hier noch:

condire

(**io**)	**cond-isc-o**	(**noi**)	**cond-iamo**
(**tu**)	**cond-isc-i**	(**voi**)	**cond-ite**
(**lui**/**lei**)	**cond-isc-e**	(**loro**)	**cond-isc-ono**

Die Höflichkeitsform bildet man mit der 3. Person, also **Lei**, wenn man sich an eine einzelne Person wendet, **Loro** bei mehreren Personen. Im heutigen Italienisch benutzt man häufig **voi** als Synonym für **Loro**, also als Höflichkeitsform in der Mehrzahl.

Hier noch einige unregelmäßige Verben:

essere (sein)

(**io**)	**sono**	(**noi**)	**siamo**
(**tu**)	**sei**	(**voi**)	**siete**
(**lui**/**lei**)	**è**	(**loro**)	**sono**

avere (haben)

(**io**)	**ho**	(**noi**)	**abbiamo**
(**tu**)	**hai**	(**voi**)	**avete**
(**lui**/**lei**)	**ha**	(**loro**)	**hanno**

sapere (wissen)

(io)	so	(noi)	sappiamo
(tu)	sai	(voi)	sapete
(lui/lei)	sa	(loro)	sanno

fare (machen)

(io)	faccio	(noi)	facciamo
(tu)	fai	(voi)	fate
(lui/lei)	fa	(loro)	fanno

andare (gehen, fahren)

(io)	vado	(noi	andiamo
(tu)	vai	(voi)	andate
(lui/lei)	va	(loro)	vanno

Modalverben

Bevor wir uns kurz dem Perfekt widmen, werfen wir erst noch einen Blick auf die sogenannten Modalverben: Tätigkeitswörter, die üblicherweise zusammen mit einem anderen, ihnen nachgestellten Verb auftreten, das dann nicht gebeugt wird, also in der Grundform steht. Neben dem bereits bekannten **sapere** („wissen" oder „können" – im Sinne von: „eine Fähigkeit/ein Talent haben") sind dies:

Mit Hilfe dieser Modalverben kann man sich auch geschickt aus der Affäre ziehen, wenn man sich nicht sicher ist, wie ein Verb gebeugt (konjugiert) wird. Denn ob ich nun sage: „Ich gehe zum Markt." oder „Ich will/muss zum Markt gehen." macht eigentlich nicht viel Unterschied, oder?

potere (können, dürfen)

(**io**)	**posso**	(**noi**) **possiamo**
(**tu**)	**puoi**	(**voi**) **potete**
(**lui**/**lei**)	**può**	(**loro**) **possono**

volere (wollen)

(**io**)	**voglio**	(**noi**) **vogliamo**
(**tu**)	**vuoi**	(**voi**) **volete**
(**lui**/**lei**)	**vuole**	(**loro**) **vogliono**

dovere (müssen, sollen)

(**io**)	**devo**	(**noi**) **dobbiamo**
(**tu**)	**devi**	(**voi**) **dovete**
(**lui**/**lei**)	**deve**	(**loro**) **devono**

Passato Prossimo (Perfekt)

Sehr einfach zu bilden ist der dem deutschen Perfekt vergleichbare **passato prossimo**. Man benötigt dazu das Hilfsverb **avere** oder **essere** und das Partizip Perfekt des jeweiligen Verbes, das man erhält, indem man die bekannten Infinitivendungen wie folgt ersetzt:

-are	wird zu	**-ato**
-ere	wird zu	**-uto**
-ire	wird zu	**-ito**

Also wird aus

comprare (kaufen) = **comprato**,

aus
perdere (verlieren) = **perduto**

und aus
condire (würzen) = **condito**:

Die Unterscheidung zwischen **avere** und **essere** ist verhältnismäßig einfach, wobei man sich als Faustregel am Deutschen orientieren kann. Wird **avere** verwendet, bleibt das Partizip Perfekt unverändert, bei **essere** hingegen muss es wie ein Eigenschaftswort angeglichen werden.

ho comprato	**abbiamo comprato**
hai comprato	**avete comprato**
ha comprato	**hanno comprato**

sono andato *(m)* / **sono andata** *(w)*	**siamo andati** *(m)* / **siamo andate** *(w)*
sei andato / **sei andata**	**siete andati** / **siete andate**
è andato / **è andata**	**sono andati** / **sono andate**

Fragen, auffordern & bitten

Hier noch einige wichtige Vokabeln zum fragen, auffordern und bitten:

Fragewörter

che?, cosa?	ke, koßa	was?
chi?	ki	wer?
come?	kome	wie?
quando?	kwando	wann?
quanto?	kwanto	wie viel?
dove?	dowe	wo?, wohin?
da dove?	da dowe	woher?
perché?	perke	warum?

Auffordern & Bitten

Vieni!/Venga!
wjäni/wänga
Komm!/Kommen Sie!

Prendi!/Prenda!
prändi/prända
Nimm!/Nehmen Sie!

Sieditі!/Si sieda!
ßjäditi/ßi ßjäda
Setz dich!/Setzen Sie sich!

Wortliste Deutsch – Italienisch

Die folgende Wortliste stellt einen kulinarischen Grundwortschatz dar. Folgende Abkürzungen werden verwendet:

m	*männlich (maskulin)*
w	*weiblich (feminin)*
Ez	*Einzahl*
Mz	*Mehrzahl*

A

(Arzt-)Praxis ambulatorio
(Koch-)Topf pentola
(Sitz-)Platz posto
(Speise-)Eis gelato
(Vor-)Name nome (m)
100 Gramm etto
Aal anguilla
Abend sera
Abendessen cena
aber ma
aber però
abreisen, abfahren, wegfahren partire
abtrocknen asciugare
acht otto
achte(r) ottavo
achtzig ottanta
Alkohol alcool (m)
alkoholfrei analcolico
alles; ganz tutto
alt vecchio
Ambulanz; Erste Hilfe pronto soccorso
Ananas ananasso
anbieten; einladen offrire
andere(r) altro
anfangen, beginnen cominciare
Angebot offerta
anhören; zuhören ascoltare
ankommen arrivare
anschalten, einschalten accendere
anschauen; zuschauen guardare
antworten rispondere
Anzug, Kleid abito
Aperitiv aperitivo
Apfel mela
Apotheke farmacia
Appetit appetito
Aprikose albicocca
arbeiten lavorare
arm povero
Artikel articolo
Artischocke carciofo
Arzt medico
Aschenbecher posacenere (m)
Aubergine melanzana
auch nicht; nicht einmal neanche
auch nicht; nicht einmal nemmeno
auch anche
auf su
aufhören smettere
aufhören; beenden finire
aufräumen mettere in ordine
aufrichtig sincero
Aufschnitt affettato
Auge occhio
Ausgang uscita
ausgeben spendere

ausgehen; weggehen uscire
ausgezeichnet eccellente
ausschalten spegnere
außen; draußen; raus fuori
außerdem inoltre
außergewöhnlich eccezionale
aussteigen scendere
Auster ostrica
Auto, Wagen macchina
Autobahnrestaurant autogrill

B

Bäcker fornaio
Bäckerei panetteria
Bäckerei panificio
Bad, Badezimmer bagno
Bahnhof stazione (w)
Baiser meringa
Banane banana
Bandnudeln tagliatelle (w, Mz)
Bank (Geld) banca
bar a contanti
Basilikum basilico
Bauch pancia
Bauch ventre (m)
Bauer contadino
Bauernhof fattoria
Baumwolle cotone (m)
Bedarf bisogno
bedecken coprire
Bedeutung significato
begreifen comprendere
Behälter, Gefäß recipiente (m)
Beilage contorno
Beruf professione (w)
Beschwerde, Reklamation reclamo
Besen scopa
besetzt; beschäftigt occupato
bestätigen confermare
Besteck posate (w, Mz)
bestellen ordinare
Bestellung ordinazione (w)
betrunken ubriaco
Bett letto
Bier (vom Fass) birra (alla spina)
billig a buon mercato
Birne pera
bis fino a
bis sino a
Bissen boccone (m)
bissfest al dente
bitter; Magenbitter amaro
blau blu
bleiben restare
bleiben rimanere
blind cieco
blond biondo
Blumenkohl cavolfiore (m)
Blut sangue (m)
Bohnen fagioli (m, Mz)
Bonbon caramella
Braten; gebraten arrosto
brauchen avere bisogno
braun bruno
braun marrone
Brei pappa
breit; weit largo
Brieftasche portafoglio
bringen, tragen portare
Broccoli broccoli (m)
Brot pane (m)
Brötchen panino
Brotzeit merenda
Brühe brodo
Brust petto
brutto lordo
bügeln stirare
Bund, Strauß mazzetto
Bürste spazzola
Bus autobus (m)
Butter burro

C

Creme crema
Croissant cornetto

D

Darm intestino
Dattel dattero
Deckel coperchio
denken pensare
Diät dieta
dick grosso
dickflüssig denso

diese/dieser questa/questo
doppelt doppio
Dorf; Land paese (m)
Dose, Büchse lattina
Dose, Büchse, Schachtel scatola
Dosenöffner apriscatole (m)
Dosis dose (w)
drei tre
dreißig trenta
dritte(r) terzo
du tu
Duft; Geruch; Parfum profumo
dumm stupido
dunkel scuro
dünn; fein sottile
dünne Bandnudeln fettuccine (w, Mz)
dünnes Schnitzel fettina
dünngeschnittenes rohes Rindfleisch carpaccio
Durchfall diarrea
durchsichtig trasparente
Durst sete (w)
Dutzend dozzina

E

Ei uovo
Eigentümer, Besitzer, Inhaber proprietario
Eimer secchio
ein bisschen un po'
ein un/una/uno
einfach facile
Eingang; Eintritt entrata
einheimisch, aus der Region nostrano
Einkauf spesa
einkaufen fare la spesa
einladen invitare
Einrichtung arredamento
einsteigen salire
Eis (gefrorenes Wasser) ghiaccio
Eis mit kandierten Früchten cassata
Eisdiele gelateria
Ekel schifo
empfindlich sensibile
eng; schmal stretto
englisch, blutig (Fleisch) al sangue
entdecken scoprire
Ente anatra
entscheiden decidere
er lui
Erbsen piselli (m, Mz)
Erdbeere fragola
Erde terra
Erdnüsse noccioline (w, Mz)
Erfolg successo
Erinnerung; Andenken ricordo
Ernährung alimentazione (w)
erste(r); erster Gang (Pasta, Risotto oder Suppe) primo
erwärmen, aufwärmen riscaldare
essen mangiare
Essig aceto
Esszimmer camera da pranzo

F

fad insipido
Fahrstuhl ascensore (m)
fallen, abnehmen diminuire
falls; wenn se
falsch falso
Familienname cognome (m)
Farbe colore (m)
fehlen mancare
Feige fico
Fenchel finocchio
Ferien ferie (w, Mz)
fett; Fett grasso
Feuer fuoco
Feuerzeug accendino
Filet filetto
finden trovare
Fisch pesce (m)
(Fisch-)Vergiftung avvelenamento (da pesce)
Fladenbrot focaccia
Flamme fiamma
Flasche bottiglia
Flaschenöffner apribottiglie (m)
Fleisch carne (w)
Fleischspieß spiedino
flüssig liquido
Fondue fonduta

Forelle trota
fragen chiedere
fragen domandare
frei libero
Frikadelle polpetta
frisch fresco
frischgepresster Saft spremuta
Frischkäse ricotta
Frucht frutto
Fruchtfleisch polpa
früh presto
Frühling primavera
Frühstück colazione (w)
frühstücken fare colazione
fühlen; hören; riechen sentire
füllen farcire
füllen imbottire
füllen riempire
fünf cinque
fünfte(r) quinto
fünfzig cinquanta
für; wegen per

G

Gabel forchetta
Garnelen gamberetti (m, Mz)
Garten giardino
Gastwirt oste (m)
gebacken, frittiert fritto
gebacken, überbacken al forno
geben dare
Gedeck coperto
geeignet, passend adatto
gefallen; schmecken piacere
Gefühl sentimento
gefüllt farcito
gefüllt imbottito
gefüllt ripieno
gefüllte Pizza, „zusammengeklappt" calzone (m)
gegen contro
Gegenteil contrario
gegenüber di fronte a
gegrillt alla griglia
gehen, fahren andare
geizig avaro
gekocht cotto
gelb giallo
Geld denaro
Geld soldi (m, Mz)
Geldbeutel borsellino
Geldschein; Eintrittskarte biglietto
gemahlen macinato
gemischt misto
Gemüse verdura
Gemüsesuppe minestrone (m)
genügen, ausreichen bastare
geöffnet aperto
geräuchert affumicato
Gericht aus Auberginen, Paprika, Tomaten und Öl caponata
Gericht aus der Region piatto tipico
gerieben grattugiato
gering; spärlich scarso
geröstet tostato
geröstete Brotscheibe mit Öl, Salz, Knoblauch und Tomaten bruschetta
Geruch odore (m)
Geschäft; Laden negozio
geschälte Tomaten pelati (m, Mz)
Geschenk regalo
Geschirr stoviglie (w, Mz)
geschlossen chiuso
Geschmack gusto
Geschmack sapore (m)
gestern ieri
gesund sano
Getränk bevanda
Getränk bibita
getränkt imbevuto
Getreide cereali (m, Mz)
Gewicht peso
Gewürze spezie (w, Mz)
gewürzt condito
Glas (Material) vetro
Glas bicchiere (m)
Gläschen bicchierino
glatt liscio
glauben credere
Gleis binario
Gold oro
Gramm grammo
Grapefruit pompelmo
grau grigio
Grill griglia
groß grande
grün verde

grüne Bohnen fagiolini (m, Mz)
Gulasch spezzatino
günstig, preiswert economico
Gurke cetriolo
gut bene, buono

H

haben avere
Hackbraten polpettone (m)
hacken tritare
Hackfleisch carne tritata
Hafen porto
Hähnchen pollo
halb mezzo
halbgefrorener Kuchen semifreddo
Hälfte metà
halten tenere
Hammel montone (m)
Hand mano (w)
Handel commercio
Handtasche borsetta
Handtuch asciugamano
hart; zäh duro
hartes Mandelgebäck aus der Toscana cantuccini (m, Mz)
Haselnuss nocciola
hässlich brutto
Haufen mucchio
Haus casa
Hausfrau casalinga
hausgemacht casareccio
hausgemacht fatto in casa
Haut; Leder pelle (w)
Hefe lievito
heißen chiamarsi
helfen aiutare
hell (Farbe) chiaro
Herbst autunno
Hering aringa
Herkunftsbezeichnung beim Wein DOC (denominazione di origine controllata)
heute oggi
Himbeere lampone (m)
hinter dietro
hinzufügen aggiungere
hoch alto
Höchstmaß, Maximum massimo
hoffen sperare
Holz legno
Honig miele (m)
Honigmelone melone (m)
Hörnchen, Gebäckstück brioche (w)
Hotel albergo
Hülsenfrüchte legumi (m, Mz)
hundert cento
hundertste(r) centesimo
Hunger fame (w)
Hygiene igiene (w)

I

ich io
ihr, Sie (Anrede Mz) voi
Imbiss spuntino
imposta sul valore aggiunto = Mehrwertsteuer IVA
in Essig eingelegtes Gemüse sottaceti (m, Mz)
in Öl gebackene Fische frittura di pesce
in; nach (örtlich) in
in; nach; zu a
inbegriffen compreso
Inhalt contenuto
innen; drinnen; rein dentro
Innereien frattaglie (w, Mz)
interessant interessante

J

Jahr anno
jene/jener quella/quello
Johannisbeere ribes (m)
jung giovane

K

Kabeljau merluzzo
Kaffee caffè (m)
Kaffeelöffel, Teelöffel cucchiaino
Kaffeemaschine caffettiera
Kaffeemühle macinino
Kalb(fleisch) vitello
Kalbshaxe in Scheiben ossobuco
Kalbsschnitzel scaloppina
kalt freddo
Kamillentee camomilla
Kaninchen coniglio
Kapern capperi (m, Mz)
Karotte carota
Kartoffel patata
Kartoffelklößchen gnocchi (m, Mz)
Käse formaggio
Kasse cassa
kaufen comprare
kaum; sobald appena
Kehle gola
Keks biscotto
Keller cantina
Kellner, Ober cameriere (m)
Kerze candela
Keule coscia
Kilo chilo
Kilometer chilometro
Kind, kleiner Junge bambino
Kirsche ciliegia
klein piccolo
kleiner in Rum getränkter Kuchen babà (m)
Kleingeld spiccioli (m, Mz)
Knoblauch aglio
Knochen osso
Knödel canederlo
knusprig croccante
Koch cuoco
kochen (ein Gericht zubereiten) cucinare
kochen (Wasser) bollire
kochen, garen cuocere
Koffer valigia
Kohl cavolo
Kokosnuss noce (w) di cocco
kommen venire
Konditorei pasticceria
können; dürfen potere
Konserve conserva
Kopf testa
Kopfsalat lattuga
Korken tappo
Korkenzieher cavatappi (m)
kosten, probieren assaggiare
köstlich squisito
Kotelett costoletta
kräftig robusto
krank ammalato
krank malato
Krankenhaus ospedale (m)
Krankheit malattia
Krapfen bombolone (m)
Kräuter erbe (w, Mz)
Kräutertee tisana
Kräutertee; Aufguss infuso
Krebs gambero
Küche; Herd cucina
Kühlschrank frigo(rifero)
Kümmel cumino
Kunde cliente *(m/w)*
Kürbis zucca
kurze Röhrennudeln penne (w, Mz)
Kutteln trippa

L

Lachs salmone (m)
Lager magazzino
Lamm agnello
lang lungo
Languste aragosta
lassen lasciare
Lauch porro
lauwarm tiepido
Lebensmittel, Lebensmittelgeschäft alimentari (m, Mz)
Leber fegato
leer vuoto
leicht leggero
leichter Hefekuchen in Zylinderform, bes. zur Weihnachtszeit panettone (m)
Lende lombata
lernen imparare
lernen studiare

lesen leggere
letzte(r) ultimo
Licht luce (w)
Liebe amore (m)
lieben amare
lieber mögen preferire
liefern consegnare
Likör liquore (m)
Limonade gassosa
links a sinistra
Lippe labbro
Lire L.
Liter litro
Löffel cucchiaio
lose, offen (Lebensmittel) sciolto
Lösung soluzione (w)
Lust voglia

M

machen; tun fare
Magen stomaco
Magenprobleme disturbi gastrici (m, Mz)
mager; dünn magro
Magermilch latte magro
Mahlzeit pasto
Mais gran(o)turco
Maisbrei polenta
man si
Mandarine mandarino
Mandel mandorla
Mann; Mensch uomo
Margarine margarina
mariniert marinato
Markt mercato
Marmelade marmellata
Maß misura
Material materiale (m)
Mayonnaise maionese (w)
Meeresfrüchte frutti (m, Mz) di mare
Mehl farina
mehr più
Menge quantità
merkwürdig; seltsam strano
messen misurare
Messer coltello
Metall metallo
Meter metro
Metzgerei macelleria
Miesmuscheln cozze (w, Mz)
Miete affitto
Milch latte (m)
Milchkaffee caffel(l)atte (m)
Milchlamm abbacchio
Milchshake frullato
Millimeter millimetro
Million milione (m)
Mindestmaß, Minimum minimo
Mineralwasser acqua minerale
Minute minuto
Minze menta
mischen, umrühren mescolare
Mischung miscela
mit Basilikum und Pinienkernen al pesto
mit Butter al burro
mit Ei und Speck alla carbonara
mit Fleischsoße al sugo
mit Kohlensäure gassato
mit Meeresfrüchten alla marinara
mit Oliven, schwarzem Pfeffer und Kapern alla puttanesca
mit Sahne alla panna
mit scharfer Tomatensoße all'arrabbiata
mit Tomatensoße al pomodoro
mit Tomatensoße, Speck und Zwiebeln all'amatriciana
mit con
Mittag mezzogiorno
Mittagessen pranzo
Mitternacht mezzanotte (w)
Mixer frullatore (m)
möglich possibile
Monat mese (m)
morgen domani
Morgen mattino
müde stanco
Mund bocca
Münze moneta
Mürbteigkuchen mit Marmeladenfüllung crostata
müssen; schulden dovere

N

nach (zeitlich) dopo
nach Hausfrauenart alla casalinga
Nachmittag pomeriggio
Nachspeise dessert (m)
Nase naso
neben accanto
nehmen prendere
Nektarine pesca noce
nett simpatico
netto netto
neu nuovo
neun nove
neunte(r) nono
neunzig novanta
nicht non
nichts niente
nie mai
nie(mals) giammai
niedrig basso
niemand nessuno
Nieren rognoni (m, Mz)
noch nicht non ancora
noch ancora
notwendig, nötig necessario
Nudeln, Nudelgericht; Gebäckstück; Teig pasta
Nudelsoße sugo
nur; erst solo
nur; erst soltanto
Nuss noce (w)
nützlich, hilfreich utile

O

Obst frutta
Obstsalat macedonia
Ochse bue (m)
Ofen forno
offen (Wein), lose (nicht verpackt) sfuso
öffnen aprire
oft; dick spesso
ohne senza
Ohr orecchio
Öl olio
Oliven olive (w, Mz)
Olivenöl olio d'oliva
Omelette frittata
Orange arancia
orange arancione
Orangenlimonade aranciata
Oregano origano
Orgel organo

P

Packung confezione (w)
Paket pacco
panieren impanare
Paprikaschote peperone (m)
Parmesan parmigiano
Partie; Teil parte (w)
Pass passaporto
Pause intervallo
Personalausweis carta d'identità
Petersilie prezzemolo
Pfanne padella
Pfannkuchen frittella
Pfeffer pepe (m)
pfeffern pepare
Pfefferschote peperoncino
Pferdefleisch carne equina
Pfirsich pesca
Pflaster cerotto
Pflaume prugna
Pilze funghi (m, Mz)
Plastik plastica
Platz (Stadt) piazza
Pommes Frites patate fritte (w, Mz)
Portion porzione (w)
Praline cioccolatino
Preis prezzo
prickelnd, sprudelnd frizzante
Prise pizzico
probieren; versuchen provare
Prost! Salute!
Pudding budino
Püree passato
putzen; säubern pulire

Q

Qualität qualità

R

rauchen fumare
rauh ruvido
rechnen calcolare
Rechnung conto
rechts a destra

reich ricco
reif maturo
Reis riso
Reise viaggio
Reisebüro agenzia viaggi
reisen viaggiare
Reisgericht risotto
reservieren; buchen prenotare
Reservierung prenotazione (w)
Rest resto
Restaurant ristorante
Rezept ricetta
richtig; gerecht giusto
Rind(fleisch) manzo
Roggen segale (w)
roh crudo
rosa rosa
Rosenkohl cavolo di Bruxelles
Rosine uva passa
rot rosso
Rotwein vino rosso
Roulade involtino
runder Laib Brot pagnotta

S

Sache, Ding cosa
Saft succo
saftig succoso
sagen dire
Sahne panna
Saison; Jahreszeit stagione (w)
Salat insalata
Salbe pomata
Salbei salvia
Salz sale (m)
salzen salare
salzig salato
Sandwich tramezzino
Sardellen acciughe (w, Mz)
sauber pulito
sauer acido
Sauerkraut crauti (m, Mz)
Schaf pecora
Schafkäse pecorino
Schale buccia
schälen pelare
Schalter sportello
scharf (gewürzt) piccante
Scheck assegno
Scheibe fetta
schenken regalare
Schinken prosciutto
Schlafzimmer camera da letto
Schlagsahne panna montata
schlank snello
schlecht cattivo
schlecht male
schließen chiudere
Schluck sorso
Schlüssel chiave (w)
schmackhaft saporito
Schmetterlingsnudeln farfalle (w, Mz)
Schmorbraten stufato
schmutzig sporco
Schnaps acquavite (w)
schneiden tagliare
Schnellimbiss tavola calda
Schnittlauch cipollina
Schokolade (Getränk & Süßigkeit) cioccolata
schön bello
schreiben scrivere
Schulden debiti m/pl
Schule scuola
Schüssel ciotola
Schüssel scodella
schwach debole
schwarz nero
Schwein(efleisch) maiale (m)
schwer pesante
Schwertfisch pesce (m) spada
schwierig difficile
sechs sei
sechste(r) sesto
sechzig sessanta
Seeteufel coda di rospo
Seezunge sogliola
sehen vedere
Seife sapone (m)
sein essere
sein; bleiben stare
Sekt spumante (m)
Senf senape (w)
Serviette tovagliolo
sich erinnern ricordarsi
sich waschen lavarsi
sicher sicuro
sie (Mz); **Sie (Anrede Mz)** loro
sie; Sie (Anrede Ez) lei
sieben sette
siebte(r) settimo
siebzig settanta

Silber argento
singen cantare
Sinn senso
so così
Sommer estate (w)
Sonne sole (m)
Soße salsa
so viel tanto
Spanferkel porchetta
sparen risparmiare
Spargel asparagi (m, Mz)
spät tardi
Spaziergang passeggiata
Speck lardo
Speise cibo
Speisekarte; Menü menù (m)
Speisekarte; Papier carta
Spezialität specialità
Spiegel specchio
Spiegelei uovo al tegamino
Spinat spinaci (m, Mz)
Spiralnudeln fusilli (m, Mz)
Sprache; Zunge lingua
sprechen parlare
Stachel; Gräte; (Elektro-)Stecker spina
Stadt città
Stadtplan pianta della città
Stadtviertel quartiere (m)
stark; kräftig forte
statt invece di
Steak bistecca
steigen, zunehmen aumentare
Steinbutt rombo
Steinpilze porcini (m, Mz)
stellen; legen mettere
Steuerbeleg, den ein Gast ggf. vorzeigen muss ricevuta fiscale
Stockfisch baccalà (m)
Straße strada
Streichholz fiammifero
Strohhalm cannuccia
Stück pezzo
Stuhl sedia
Stunde ora
suchen cercare
Supermarkt supermercato
Suppe minestra
Suppe zuppa
süß; Süßspeise dolce
süßen dolcificare
Süßstoff dolcificante (m)

T

Tabak tabacco
Tablett vassoio
Tablette compressa
Tablette pastiglia
Tag giorno
Tagesgericht piatto del giorno
Tasche borsa
Tasse tazza
Taste tasto
tauschen, umtauschen, austauschen, wechseln cambiare
tausend mille
tausendste(r) millesimo
Tee tè (m)
Teegebäck pasticcini (m, Mz)
Teller; Gericht; Gang (Essen) piatto
Temperatur temperatura
teuer caro
Thunfisch tonno
tief profondo
tiefgefroren surgelato
Tiefkühlkost surgelati (m, Mz)
Tintenfische calamari (m, Mz)
Tisch tavola
Tischdecke tovaglia
toasten, rösten tostare
Toaster tostapane (m)
Toilette gabinetto
Toilettenpapier carta igienica
Tomate pomodoro
Torte torta
transportieren trasportare
Traube uva
traurig triste
trinkbar potabile
trinken bere
Trinkgeld mancia
Trinkwasser acqua potabile

trocken secco
Tropfen goccia
Trüffel tartufo
Truthahn tacchino

U

über sopra
überbackene geschichtete Nudelblätter lasagne (w, Mz)
übermorgen dopodomani
überraschen sorprendere
Uhr orologio
umrühren rimestare
und e
unmöglich impossibile
unsympathisch antipatico
unter sotto
Unterkunft alloggio
Unwohlsein malessere (m)
Urlaub vacanze (w, Mz)

V

Vase vaso
vegetarisch vegetariano
Venusmuscheln vongole (w, Mz)
verbrauchen consumare
verbringen; vorbeigehen passare
Verdauungsschnaps digestivo
verdienen (Geld) guadagnare
verdorben guasto
vergeblich invano
vergessen dimenticare
verkaufen vendere
verlieren perdere
Verspätung ritardo
verstehen capire
viel molto
vier quattro
viereckige gefüllte Teigtaschen ravioli (m, Mz)
vierte(r); Viertel (Wein) quarto
vierzig quaranta
voll pieno
Vollkornbrot pane (m) integrale
Vollmilch latte intero
vom Grill/Rost ai ferri
von; aus da
von; aus di
vor (örtlich) davanti a
vor (zeitlich) prima di
vorgestern ieri l'altro
Vormittag mattina
Vorspeise antipasto

W

Waage bilancia
Waffel cialda
während durante
während mentre
wann? quando?
Ware merce (w)
warm caldo
warten aspettare
warum? perché?
was? che (cosa)?
was? cosa?
Wäsche biancheria
waschen lavare
Wasser acqua
Wasserkocher bollitore (m)
Wassermelone cocomero
Wecker sveglia
weder ... noch ... né ... né ...
weich morbido
weil perché
Wein vino
Weinschaumcreme zabaione (m)
weiß bianco
Weißwein vino bianco
weitermachen continuare
Weizen frumento
welche(r)? quale?
wenig poco
weniger meno
wenn (zeitlich) quando
wer? chi?
wertvoll, kostbar prezioso
wie? come?
wieder di nuovo
wiederfinden ritrovare
wiederkehren ritornare
wiedersehen rivedere
wiegen pesare

wie viel quanto
Wild(bret) cacciagione (w)
Wild(bret) selvaggina
Wildschwein cinghiale (m)
Windbeutel profiterole (m)
Winter inverno
wir noi
wissen; können sapere
wo? dove?
Woche settimana
wohnen abitare
Wohnung appartamento
Wohnzimmer salotto
Wohnzimmer soggiorno
wollen volere
Wort parola
wunderbar meraviglioso
Wurst, Würstchen salsiccia
würzen, anmachen condire

Z

zahlen; bezahlen pagare
Zahnbürste spazzolino da denti
Zahnstocher stuzzicadenti (m)
Zäpfchen supposta
zart, weich tenero
zehn dieci
zehntausend diecimila
zehnte(r) decimo
Zeit; Takt; Wetter tempo
Zentimeter centimetro
zerstoßenes Wassereis granita
Ziege capra
Ziegenkäse caprino
ziemlich viel parecchio
ziemlich abbastanza
Zigarette sigaretta
Zigarre sigaro
Zimmer camera
Zimmer stanza
Zitrone limone (m)
Zitronenlikör limoncello
Zitronenlimonade limonata
Zitrusfrüchte agrumi (m, Mz)
zu Abend essen cenare
zu Mittag essen pranzare
Zubehör accessori (m, Mz)
zubereiten preparare
Zucchini zucchine (w, Mz)
Zucker zucchero
zuerst prima
zufrieden contento
Zug treno
zurückgeben rendere
Zutaten ingredienti (m, Mz)
zu viel troppo
zwanzig venti
zwecklos inutile
zwei due
zweitausend duemila
zweite(r); zweiter Gang (Fleisch oder Fisch); Sekunde secondo
Zwieback fetta biscottata
Zwiebel cipolla
zwischen fra
zwischen tra

Wortliste Italienisch

Hier sind fast alle italienischen Wörter und Begriffe, die in diesem Buch vorkommen, noch einmal in alphabetischer Reihenfolge aufgelistet. Die Zahlen hinter den Einträgen verweisen auf die Seiten, auf denen die Wörter zu finden sind.

A

B

C

R

S

T

U

V

Z

Der Autor

Michael Blümke: „Sprachen und klassische Musik – seit jeher meine großen Leidenschaften. Glücklicherweise gelang es mir, beide zu meinem Beruf zu machen. Als Dozent, Übersetzer, Lektor, Journalist und Buchautor konnte ich sowohl meiner Liebe zu den Sprachen wie auch der zur klassischen Musik frönen. Seit 1999 bin ich als PR Manager für ein bekanntes Klassiklabel tätig.“

Von Michael Blümke sind außerdem im Reise Know-How Verlag erschienen: Italienisch Slang (3-89416-300-3), Italienisch für Opernfans (3-89416-311-9), ReiseWortSchatz Italienisch (3-89416-597-9) und ReiseWortSchatz Spanisch (3-89416-598-7).